销售高手大讲堂系列

家居建材销售人员
销售口才与销售技巧超级训练

张秀云　编著

人民邮电出版社

北　京

图书在版编目（CIP）数据

家居建材销售人员销售口才与销售技巧超级训练 / 张秀云编著. -- 北京 : 人民邮电出版社，2020.4
（销售高手大讲堂系列）
ISBN 978-7-115-53557-3

Ⅰ．①家… Ⅱ．①张… Ⅲ．①建筑材料－销售 Ⅳ. ①F765

中国版本图书馆CIP数据核字(2020)第039740号

内 容 提 要

本书采取"大讲堂"的形式，精心挑选了家居建材销售过程中的各种常见情形，通过"应避免的错误""情景解析""我们可以这样应对"等模块全方位展示了家居建材销售人员的销售策略与销售技巧。全书内容系统全面、实战性强，书中的各种方法和技巧可以随时应用于实际工作中，使读者能真正做到"现学现用"。

本书是家居建材销售人员提升自身能力和业绩的必读之书，同时也可作为家居建材销售机构的员工培训用书。

◆ 编　　著　张秀云
　　责任编辑　庞卫军
　　责任印制　彭志环
◆ 人民邮电出版社出版发行　　北京市丰台区成寿寺路11号
　　邮编 100164　电子邮件 315@ptpress.com.cn
　　网址 http://www.ptpress.com.cn
　　北京天宇星印刷厂印刷
◆ 开本：700×1000　1/16
　　印张：12.5　　　　　　　　2020年4月第1版
　　字数：150千字　　　　　　 2025年2月北京第 13 次印刷

定　价：49.80元

读者服务热线：（010）81055656　印装质量热线：（010）81055316
反盗版热线：（010）81055315

前　言

　　随着国家对房地产行业调控的逐步深入，我们经常会听到家居建材行业的从业人员诉苦，说现在的生意如何不好做。诚然，家居建材生意的好坏与房地产市场的繁荣与否有很大关系：买房的人多，装修的人也就多；买房的人少，装修的人也就少。但是，市场的繁荣与否更多地只是影响行业，作为个体而言，生意的好坏和业绩的高低更多取决于家居建材销售人员自身的能力。

　　由于家居建材销售这一职业入行门槛相对较低，很多年轻人都怀揣着梦想，希望通过短短几个月甚至几周的培训就正式踏上工作岗位。他们中的大多数人都怀有这样简单朴素的想法：只要我能够吃苦耐劳、多接客户，就可以在这个行业获得高薪、取得成功。实际上，家居建材销售是一个非常富有挑战性的职业，它对从业者有多方面的要求：你需要富有亲和力，并拥有出色的语言沟通技巧和良好的人际交往能力，让顾客愿意亲近你、信任你；你需要具有强大的抗压能力和心态调节能力，能够应对繁重的业绩压力，并能够随时以积极乐观的心态去接待顾客；你还需要掌握一定的心理学、法律、家居建材等领域的专业知识，可以快速解答顾客提出的各类问题……

由于入职前准备得不够充分，很多家居建材人员缺乏相应的专业技能，常常用不合理的方式与顾客沟通，结果导致顾客不断流失、销售业绩迟迟无法提升。

其实，成为一名家居建材人员并不难，但要成为一名优秀的家居建材人员却不是一件容易的事。即使是已经有多年销售经验的家居建材人员，也经常面临着诸多困惑：

为什么顾客很喜欢这套家居产品却迟迟不肯购买？

为什么我每天都很热情地接待客户，销售业绩却无法提高？

为什么顾客总是抱怨这抱怨那，到底该如何说服他们？

为什么即使给顾客的价格已经很实在了，他们还是要讲价？

为什么很多顾客只看不买，该怎么说服他们？

……

在实际销售过程中，家居建材销售人员经常会面临上述问题。不解决这些问题，家居建材销售人员的销售业绩也就无从提升。为了解决广大家居建材销售人员的这一痛点，帮助家居建材销售新人快速入门、帮助销售老手突破瓶颈，作者依托自己多年来积累的家居建材销售与培训经验特意编写了这本书。在书中，作者收集整理了家居建材销售过程中各种常见的问题，选取了销售实战中的典型案例，模仿真实的对话场景进行表述，以帮助家居建材销售人员不断提高自身的销售技能。

当然，仅仅依靠参考案例来解决问题是治标不治本的。为了提高家居建材销售人员解决实际问题的能力，本书采用"大讲堂"的形式，按照"应避免的错误＋情景解析＋我们可以这样应对"的模式进行阐述，即依照麦肯锡发现问题和分析问题的方法有步骤地解决问题，循序渐进地启发读者的思维，一步步帮助读者提升销售技能，从而取得骄人的业绩。

　　《家居建材销售人员销售口才与销售技巧超级训练》是家居建材销售人员提升自身技能和业绩的必读之书，同时也可作为家居建材销售机构的员工培训用书。如果你能够将书中的销售知识和业务技能融会贯通并做到举一反三，相信你一定能快速成长为家居建材销售行业的高手！

目　录

第五章　当临近成交遇到这样的状况时　// 153

第六章　当遇到顾客来投诉时　// 175

第一章

当我们遇到这样的情形时

大讲堂 1

当刚开店门 / 准备打烊时有顾客来了

✖ 应避免的错误

1. "先生 / 小姐，我们还没开始营业呢 / 不好意思，您明天再来吧，我们要关门了……"

❖ 点评：这无疑是在赶顾客走。作为"上帝"，谁能受得了呢？

2. "小姐，您先自己随便看看，我整理下……"

❖ 点评：这样的应对态度太过冷淡，会让顾客有受到冷落的感觉，从而产生不快。

在正常的营业时间内，大家都会对顾客的光顾表示欢迎。可是，对于刚开店门就来或者商店准备打烊了还前来光顾的顾客，很多导购出于各种原因，比如刚开店门还没做好营业准备、要打烊了赶时间回家等，往往会疏于接待。事实上，这是极为错误的做法。要知道，这些顾客与其他顾客并无二致，甚至他们会因为你的热情接待而更受感动，从而成为你的忠实顾客。所以，对于这种顾客，你更应礼仪有加，以赢取顾客的好感。如果你冷漠相待，甚至在顾客面前抄起扫帚整理店堂，等于是在下逐客令，那么顾客肯定会扭头离去的。

只有急顾客之所急，把顾客的事情当作自己的事情来处理，才更容易拉近与顾客之间的心理距离，这样，我们导购的推介、建议等也就更容易被顾客接受，从而赢得顾客的持续信任和支持。

☑ 我们可以这样应对

（正推着装有促销品的展车往门口走，差一点撞到一位急匆匆冲进来的顾客）

导购："欢迎光临！先生，实在不好意思，有没有撞到您？我们刚开门，正在整理。看您好像很着急的样子，请问有什么可以帮您的吗？"

（了解了顾客的要求之后）

导购："先生，请放心，我马上和厂家联系，看能不能赶在明天之前发货……"

❖ 点评：不论在什么情况下，我们都应该记住顾客就是上帝，一切都应该以顾客为重，急顾客之所急，这样才能赢得更多顾客的认可。

大讲堂 2

当没有顾客时不知道该干些什么

☒ 应避免的错误

1. 去其他店里闲聊。

❖ 点评：开着店门，店里却空无一人。导购都没想着要卖，顾客怎么可能会买？

2. 上网、看视频。

❖ 点评：导购这么清闲，顾客会觉得店里的商品一定销路不好。

门庭若市是每家门店、每个导购的美好愿望，但现实是导购不可能每时每刻都在接待顾客，他们大部分时候是处于"待机"状态的。

所谓"待机"，就是导购在顾客上门之前的等待行动。其实，导购的销售活动并不是从顾客进入卖场才开始的，而是始于顾客经过你的卖场的时候。要知道，只有更多的人进店，才可能有更多的人购物；要想生意兴隆，就必须吸引更多的顾客进入店内。店内顾客的活动对店外的人具有很大的影响力，大量顾客云集店内的情况就说明"那里有吸引人的商品"，店内一旦出现这种繁荣景象，就会吸引一批接一批的新顾客。

可见，正确的"待机"行为是非常重要的。那么，怎样才是正确的"待机"行为呢？

1. 站在正确的位置

很多时候，消费欲望都是人们在"逛"的过程中随机产生的。既然是"逛"，人们自然希望能够有个轻松自然的环境，他们最不愿意看到的就是导购固定地站在门店中央等待顾客。

因此，在等待顾客时，导购所站立的位置应该以能够照顾到自己负责的区域为宜，而且最好站在容易与顾客接触的位置上。

对于一家门店来说，通常还会有一个特别值得强调的"守备位置"。不论门店里的顾客多么拥挤，只要站在这个位置上，就能看到整家门店的状况。所以，这个"守备位置"可以说是导购的"根据地"，必须经常有人站在那里。

此外，导购还应该特别注意门店内一些"重要位置"的递补。例如，当守备重要位置的导购甲因事不得不离开他的岗位时，导购乙就要自动地递补上去；而当导购乙走开时，导购丙就应该马上接替看管……这种形式就叫做"接力守备法"。

当然，在销售过程中，导购经常会因为接待顾客而离开自己的固定位置，但是这只是暂时的，待顾客离去后，导购就要尽快地回到自己原来的位置。

2. 保持正确的姿势

去别人家做客，如果主人懒洋洋的，没有笑容，或者只顾着看电视，你是不是会感觉不受欢迎？同样，如果导购在等待客人上门的这个"待机"阶段只是坐在柜台旁看报纸、做各种小动作，或与人聊天等，同样会使顾客感到不满，从而影响顾客的情绪。因此，在"待机"阶段，导购除了要站在正确的位置，还应该保持正确的姿势。

通常情况下，正确的姿势应该是这样的：面带微笑，双手自然下垂，轻松交叉于身前，或双手重叠轻放在柜台上，两脚微分平踩在地面上，身体挺直；站立的姿势不但要使自己不容易感觉疲劳，而且还不能让人觉得太紧张或僵硬。此外，在保持微笑的同时，还要以自然的态度观察顾客的一举一动，等待与顾客进行初步接触的良机。

当然，长时间地站立难免会让人感到疲劳，尤其是那些门店生意兴隆、一天到晚都在忙碌着的导购。这时候，导购可以寻找一种让自己放松的姿势，只要不会让顾客感觉不舒服就可以了。

3. 创造忙碌的感觉

我们经常会听到导购抱怨："我宁愿忙一点也不愿闲下来，一闲下来就不知道做什么才好。"这句话说出了大多数导购的心声，也说明了许多导购根本不懂得如何利用"待机"的时间。

其实，待机并不是消极、被动地等待顾客的到来，而是应该做些积极的行动，制造良好的销售气氛，以吸引来往顾客的注意。

（1）检查商品。

导购利用空闲的时间检查商品，是对门店负责，也是对顾客负责的表现。门店里的商品虽然都已经过厂家的质量检验，但通常情况下还是会有少量的次品；一些比较"娇气"的商品，经过顾客多次触摸以后，也可能出现故障问题或受到污损。

只有把好的商品拿给顾客，才能使顾客满意，并且不使门店的声誉受损。因此，导购利用"待机"时间所做的检查工作不但可以维护门店的声誉，还为门店营造了良好的销售氛围。

（2）整理与补充商品。

门店应该时时刻刻保持整洁、有序。但是，商品经顾客挑选后往往会很凌乱，后面的顾客不可能在凌乱的商品中细心挑选自己喜欢的东西。

因此，在空闲的时间里，导购要按规定的摆放顺序对商品进行整理，还要做好相关记录，确实掌握商品的进出情况和商品的所在之处。

此外，为了使门店长时间地保持整洁、美观和有序，每天上班前或者下班后，导购都要对商品进行整理和补充，以确保每一天的工作任务都顺利地完成。

（3）变更陈列。

在销售过程中，卖场内的商品陈列会因为有些商品被销售出去而改变。如果仓库里没有能够立即补充的商品，那么导购就要适时地改变陈列，以使门店的商品陈列显得和谐。

在变更陈列时，导购应该灵活应变。比如，根据销售情况，尽量将那些畅销的商品多摆一些，并放置于更吸引顾客的地方；当发现一些商品由于外包装不好而滞销的时候，就要等没有顾客上门的时候对商品重新进行包装，以给人耳目一新的感觉。

☑ 我们可以这样应对

刘先生是一家品牌家居门店的负责人。虽然他对自己的产品非常有信心，但却发现很多顾客最多只是在店外望一眼，而不愿意走进来；导购也都闲着没事干。于是，他决定到其他门店取取经。

在同品牌的另外一家门店，刘先生发现导购们正在店里忙碌着。仔细一看，才知道她们是在摆设商品，不过很多时候她们只是将左边的商品搬到右边，然后又将右边的商品移到左边而已，看上去好像都是一些毫无意义的忙碌，但是却又令人感到店内业务繁忙。每当顾客经过该门店的时候，似乎总是有一股无形的力量把他们吸引进去。

刘先生这才恍然大悟。于是，他要求自己门店的导购在等待顾客时，要尽量做到手不离商品，营造忙碌的销售气氛，打破死气沉沉、冷冷清清的局面。果然，采取了这个措施后，光临门店的顾客开始大增。

❖ 点评："待机"并不是简单等待，导购的无所事事容易给人一种死气沉沉的感觉。为了营造良好的销售气氛，导购应该做一些能够渲染门店销售气氛的事情。比如说，在没有顾客的时候，你可以调整小摆件的位置，或者擦拭一下茶几、沙发上的灰尘等。

有专家曾经通过大量的实地观察和对比分析，得出这样一个结论：导购在做那些与营业相关的活动时最能吸引顾客挑选和购买商品，如接待顾客、整理商品、记录营业情况等，这些动作通常被比喻为"吸引顾客的舞蹈"。

大讲堂 3
当正忙碌时却有顾客前来光顾

☒ 应避免的错误

1. "不好意思，我现在没空，有个单子急着处理。"
- ❖ 点评：这是变相的逐客令。商家那么多，没有好的体验，顾客怎么可能再回头？

2. "小姐，您先自己随便看看，我先核对一下数据。"
- ❖ 点评：太过冷淡，会让顾客有受到冷落的感觉，从而产生不快。

3. 任凭顾客询问，无暇顾及。
- ❖ 点评：冷淡是服务行业的天敌，顾客不会自讨没趣，更不是非买你的产品不可。

导购，顾名思义就是引导顾客消费的人。导购能否在第一时间给顾客良好的购物体验，将会对后续的销售过程产生极大的影响。

就像著名的海底捞，单就食材而言，它其实就是一家很普通的火锅店，可它为什么能短时间内崛起又能长时间地被消费者追捧呢？这是因为，在海底捞，各式的免费服务和服务员热情周到的服务，让顾客真正找到了"上帝"的感觉，顾客会乐此不疲地把在海底捞的就餐经历和心情发布在网上，这样，越来越多的人被吸引到了海底捞，一种类似于"病毒传播"或者"滚雪球"的效应就此显现。

请记住，顾客是上帝，导购要时时以顾客为中心。顾客一进门，首先感受到的不是你的产品有多好，而是你的态度能否让他舒心、满意。

☑ 我们可以这样应对 1

导购："欢迎光临！两位今天是要看下沙发吗？来得早不如来得巧，我们早上刚刚新到了几款，您看，我们还正忙着整理呢。不知道您喜欢什么风格的沙发？"（立即放下手头的工作，先行招呼客人）

❖ 点评：接待顾客是导购的首要职责，是获得业绩的保证。即使再忙碌，也不能忽视了顾客，否则就等于忽视了生意，而适当的解释更容易得到顾客的谅解。

☑ 我们可以这样应对 2

导购："这段时间客人太多，招待不周，非常抱歉！您先看看我们的沙发款式，感受一下我们的风格，看到喜欢的就叫我一声。"

（离开去照顾其他顾客，当该顾客询问时立即过来）

"小姐，真不好意思，让您久等了。请问……"

❖ 点评：由于业务繁忙而没法周全地为顾客提供服务是常见的情形，顾客一般也不会因此而产生不快。当然，前提是你对每一个顾客都要有所照顾，不能让顾客感觉他被忽视了，并要为你的服务不周而真诚地向顾客说声"对不起"。只要做到了这些，顾客通常是会理解你的。

☑ 我们可以这样应对 3

导购："（对于来店闲聊的老顾客）真是不好意思，每天这个时候客人都特别多，照顾不周，见谅见谅。您先坐会儿喝杯水？不然您跟我们一起去看看我们新设的样板间吧，您是我们的老主顾，也好给我们提提意见。"

❖ 点评：进店的都是客，冷淡了谁都不行。而老顾客一句无意间的评价有时候会影响到其他顾客的购买决定，因此最好的办法就是把老顾客变成自己人。

大讲堂 4
当顾客表情冷漠不爱搭理我们时

☒ 应避免的错误

1. "先生 / 小姐，我给您介绍介绍吧，我们这款楼梯……"
❖ 点评：完全不理会顾客的排斥情绪，紧跟顾客，滔滔不绝地讲解，这样很有可能赶走顾客。

2. 你不搭理我，我也不搭理你。
❖ 点评：很显然，这种斗气的做法是无助于导购取得销售佳绩的。顾客的冷漠并不是针对某个导购，可能只是他的一种本能的自我保护，也可能他的性格就是如此。

3. 觉得顾客没有诚意，于是扔下顾客不管，转身去接待另一位顾客。
❖ 点评：如此对待顾客，会招致顾客产生不满情绪。对于导购来说，任何一个潜在顾客都是不能轻易放弃的。

在销售过程中，难免会遇到一些冷漠的顾客对我们的问候不理不睬。在这种情况下，如何才能获得顾客的好感，让顾客敞开心扉呢？

顾客对我们不理不睬，要么是性格的问题，要么是因为顾客对我们怀有戒备心理，担心被我们"忽悠"。其实，人们在任何时间和场所都会潜意识地筑起一道自我保护的"围墙"，而围墙内就是人们的自我空间。这个自我空间是不容侵犯的，如果有人入侵了，他就会产生不安和压力。因此，与人保持适度的距离是非常必要的。虽然大多数导购都明白销售要以顾客为主导，然而在销售过程中，他们往往会不自觉地想要占据主导地位，使顾客在潜意识中认为个人空间被侵犯，因此感到不安，不得不匆匆离开。对于成熟的顾客来说，他们自信能够对商品做出判断，并希望能自主选择；对于缺乏购物经验的顾客来说，过于热情的推销又会给他们造成心理压力，使他们无法自在购物。

其实，这种类型的顾客在我们的日常生活中随处可见。有些人去逛商场，总喜欢自己看，如果导购不识趣地、过分热情地上来推介，他们就会很反感地走开。但是，如果他们发现了喜欢的商品且需要向导购询问某些问题却找不到导购的话，他们的购买欲望也会大大降低。

因此，在接待顾客的时候，我们必须学会尊重顾客的安全地带（即顾客的自我空间），而不能随意地侵犯。当然，这也不是说我们就要站在远远的地方对顾客不理不睬，如果这样，顾客同样会觉得他没有受到足够的重视与尊重，尤其是在需要服务的时候。正确的接待方式就是礼貌地让顾客自由参观，而自己站在两三米以外的地方，静候顾客的求助信号。

☑ 我们可以这样应对

导购："您好，欢迎光临！先生，请问有什么可以帮您的？"

（顾客对导购的问候不予理睬，自顾自地到在卖场内参观）

导购："先生，看来您对家居建材产品还是很熟悉的，那我就不打扰您了，您先随便看看，如果有什么需要，您可以随时叫我。"

❖ **点评：** 对于那种非常有主见的顾客来说，导购的强行推介只会招致他们的反感。保持一定距离的目光跟随，不仅可以把相对独立的空间留给顾客，降低他们的排斥心理，还可以及时观察他们情绪上的变化，从而及时地判断出顾客的真实需求。当顾客做出需要帮助的表示时，导购也可以在第一时间赶到。

大讲堂5

当要为顾客讲解却被回应"随便看看"时

☒ 应避免的错误

1."好的,那您随便看看吧!"

❖ 点评:这种应对方式太过消极,显得不够热情主动,顾客"随便看看"之后很可能就离开了。

2."那好,您自己先看看,我叫小陈,有什么需要可以叫我。"

❖ 点评:这种处理方式也算是消极应对。作为导购,你不积极主动地向顾客做推介,反倒要顾客有需要的时候主动找你,实在是不应该。

3.觉得顾客没有诚意,扔下顾客不管,转身去接待另一位顾客。

❖ 点评:这种简单粗暴地应付顾客的做法,容易让顾客觉得自己受到了忽视,从而产生不满。其实,顾客说"随便看看"并不是表示没有购物的意愿,只是不喜欢有导购在边上指指点点。

4.寸步不离地跟着顾客。

❖ 点评:顾客已经说明要自己"随便看看",你还寸步不离地跟着他,这只会让他觉得不自在,从而给其造成更大的压力。

顾客上门,一般而言,导购都要热情地予以接待,并对相关产品做出推介。但是,有的顾客就是喜欢自主选择想要的商品而不喜欢别人过多地干预。同时,很多顾客在与导购接触时都会抱着防备的心理,害怕自己一不小心就被导购"忽悠"了。因此,尽管你热情接待,仍有一些顾客会以"随便看看"来应对。

具体分析起来,顾客想自己随便看看,无非有以下几种情况:第一种情况是顾客想自己先熟悉一下卖场的环境，或者跟在别的顾客后面先行了解情况；第二种情况是顾客有些紧张，不想一进来就直接面对导购，而是想通过随便看看来消除紧张情绪；最后一种情况就是顾客可能还没有明确的购买计划，真的只是路过时进来逛逛而已。

无论是哪种情况，顾客是上帝，他可以说"随便看看"，但导购却不能随便地对待顾客，而是要引导顾客购买，否则就失去了自身存在的意义。当然了，既然顾客已经表明自己想要"随便看看"，你就不能寸步不离地跟着顾客，否则这种过度热情的接待只会让顾客感觉到不安和压力。

既不能随便对待顾客，又不能寸步不离地跟着顾客，那该如何接待呢？有一个简单的方法，就是适当地与顾客寒暄几句，给接下来的销售沟通添加一点"润滑剂"。例如，寻找一个顾客感兴趣的话题，营造轻松的聊天氛围，从而自然而然地拉近彼此之间的距离，再适时地把话题引入正题。

寒暄的关键在于选好话题。其实，凡是能引起对方兴致的话题都适合于寒暄，如新闻、天气、风土人情、对方的专长与爱好等。

1. 新闻

每天出门工作之前，你最好先做一做信息的准备工作：打开电视或收音机听听新闻，或者通过手机了解当天所发生的一些重大事件。以新闻为话题时，开头语通常如下。

（1）"昨晚看电视说……"

（2）"我刚才听说……"

（3）"今天的新闻上说……"

2. 天气

以天气为话题，一般是在天气出现剧烈变化的时候，比如刚入冬而天气骤然变冷的时候、今年冬天下第一场雪的时候、出现罕见暴雨天气的时候等。以天气为话题时，开头语通常如下。

（1）"今天天气真不错啊！"

（2）"这几天又降温了，真冷啊！"

（3）"这段时间怎么老下雨啊？"

3. 风土人情

现在的大城市，通常是五湖四海的人都有，一旦遇见老乡，大家通常会显得较为兴奋，也会消除一些戒备心理。即使你与顾客不是老乡，但如果能谈谈顾客老家的情况，顾客通常也会予以回应，从而打开话题。

对于刚见面的顾客，你是不可能知道他的祖籍的，对此，我们可以根据顾客的口音等进行判断，比如："先生，听您口音应该是山东人吧？"顾客一般都会予以回应，接着我们就可以顺势转入顾客祖籍地的风土人情话题。

4. 对方的专长与爱好

俗话说："酒逢知己千杯少，话不投机半句多。"在日常交谈中，人们往往喜欢表达自己的专长与爱好。如果别人不经意间谈到你的专长与爱好，你就会产生一种莫名的亲切感，而且会滔滔不绝地讲个不停。

虽然寒暄只是随意的聊天，内容也五花八门，但是如果你通过精心准备或仔细观察，根据顾客的兴趣和爱好来选择合适的话题，你就能快速营造出轻松、融洽的气氛，让顾客对你产生好感。要想成为一名优秀的导购，最好能在平时培养广泛的兴趣和爱好；所掌握的信息量越大，就越容易与顾客找到共同的话题。

☑ 我们可以这样应对

导购： "您好，欢迎光临！小姐，请问有什么能帮您的吗？"

顾客： "我随便看看。"

导购： "小姐，请问您是第一次来吗？"

顾客： "是的。"

导购： "我是家居顾问陈×，您叫我小陈就可以了。请问怎么称呼您呢？"

顾客： "我姓杨。"

导购： "杨小姐，您好，非常高兴能为您服务。请问您今天是要看整体浴室还是卫浴单品呢？"（选择式的询问方式是建立在对顾客有效观察的基础之上的，它可以帮你更迅速地探明顾客的真实需求和关注点，从而使自己的工作更有效率。）

顾客： "我看一下浴室。"

导购： "杨小姐，您的皮肤可真好啊，一点瑕疵都没有，真是让人羡慕啊。"

顾客： "呵呵，谢谢。其实我以前皮肤也挺差的，不过后来喜欢上了泡温泉，不知不觉就好了很多。"（顾客的需求很多时候是被引导出来的，不管顾客是否真的只是"随便看看"，导购都要努力了解顾客的真实状态，只有这样，才能做出有针对性的推介，获得顾客的认同。）

导购： "真巧了，我们这里刚好新来了一款按摩式浴缸，×××的设计，还采用了最新的人体工学技术，让您足不出户就可以泡玫瑰花温泉、泡盐浴，您可以了解一下。像您这么精致的人，又有条件在自己家泡温泉的话，您的皮肤一定会变得更好。"

大讲堂 6
当高峰期要同时接待多位顾客时

☒ 应避免的错误

1. 立刻放下现有的顾客，先去招呼新来的那位顾客。

❖ 点评：这种做法太不注重顾客的心理体验，会让顾客感觉自己受到忽视，甚至认为你看不起他。

2. 专心接待眼前的顾客，让新来的顾客先自己看看或等一会儿。

❖ 点评：可能你觉得应该遵循"先来后到"的原则，但有些顾客可不这么认为；一旦受到冷落，他就会心生不快，甚至转身就走。

3. 一会儿招呼这位顾客，一会儿招呼另外一位顾客。

❖ 点评：这样的做法并非不可，但是在两位顾客之间的转换一定要流畅自然，不能有断档的感觉，只有这样才能兼顾到双方并让每一位顾客都满意。

独自接待一位顾客，对于很多导购来说并不是多困难的事。但是如果在营业高峰期有多批顾客前来，相信不少导购接待起来就失去了章法。这种需要同时接待多位顾客的情况最考验导购的应变能力和接待能力了。如果顾东不顾西，让顾客感觉受到了冷落，就容易导致顾客流失，丢掉眼看到手的生意。可是，导购并没有分身的魔法，那究竟该如何做才能在业务繁忙时兼顾更多的顾客呢？

1. 接一顾二招呼三

在营业高峰期同时接待多位顾客，安顿顾客是最为重要的一环。安顿

17

顾客的目的，是尽量不让顾客感觉受到冷落。每一位来到门店的顾客都希望自己得到应有的服务，如果你在接待的时候顾此失彼，就有可能得罪其中的某位顾客。

通常情况下，应对该情形的最好方式就是"接一顾二招呼三"，即着重接待先来者，目光照顾次来者，嘴里招呼后来者，让每位顾客时刻都能感受到你的服务和热情。

2.微笑面对所有的顾客

微笑能化解矛盾、增加感情，可以说，微笑是导购最好的服务表情。在任何情况下，微笑都如同一种有力的问候，可以协助导购维持销售氛围。

如果向你寻求帮助的顾客很多，你一时忙不过来，不能同时回答多个问题，此时你的微笑也是一种回答，可以为你争取时间，留住更多的顾客。

3.用眼神与顾客交流

当分身无术时，你必须动用身体上一切可用的资源。除了借助微笑的力量外，你还可以借助眼神，眼神可传情，也可表意。例如，顾客选购一件产品后希望听听你的意见，你可以用喜悦的目光表示肯定等。

4.重点把握最有意向的顾客

需要注意的是，照顾到每一位顾客，不是说对所有顾客都一视同仁，而是要在兼顾多位顾客的基础上，重点把握购买意向较强的顾客。其实，并不是每位顾客的购买意向都是同样强烈。有些顾客是可以被迅速送走的，比如有的只是随便逛逛、有的只需要你回答一个问题。如果第一位顾客的问题可以立刻解决，便迅速结束接待，去招呼新来的顾客；如果第一位顾客非常认真，想要了解更多的信息，你可以向他表示歉意，并表明会马上回来，留下他继续观看产品，快速迎向新来的顾客；如果第二位顾客的问题无法立刻解决，你要先向第二位顾客道歉，寻求该顾客的谅解，待接待完第一位顾客后再来详细解答他的问题。一般来说，凡事都有个先来后到，要同时接待两位顾客时，以先到者为尊。

5. 发现有被冷落的顾客，要向其道歉

因为顾客多，有时难免会有一些顾客被你忽略了，而这些被忽略的顾客常常因为没有受到足够的重视，购买热情大降，甚至放弃购买，直接离店，这当然是任何一个导购都不想看到的情况。如果真的不慎冷落了某些顾客，在发现后你应马上给予回应，并诚恳地向其表示歉意，尽力挽留住顾客。

☑ 我们可以这样应对

（正引导一位顾客看整体橱柜，这时又有新顾客走了进来）

导购（对第一位顾客）："王先生，您先看一下刚才介绍的这三款橱柜，看看自己更中意哪一款，我先去招呼一下其他顾客，您有什么疑问请随时叫我。"（先向当前的顾客做一下解释，得到其谅解后去接待新来的顾客。）

导购（对新顾客）："欢迎光临！两位今天要看衣柜吗？"

顾客："我们先看看，家里的装修才做到水电，没那么快。"（即使没有马上购买的意思，导购也不能冷落了潜在的顾客。）

导购（对新顾客）："好的。那二位就请先看一下我们的衣柜款式，感受一下我们的风格。我是导购小陈，如果有任何疑问，请随时叫我。"（离开这两位新来的顾客，重新回到正在挑选橱柜的那位顾客身边，为他服务。）

大讲堂 7

当顾客转了一圈一言不发就准备离开时

☒ 应避免的错误

1. 用"请慢走""欢迎下次再来"送别顾客。

❖ 点评：这种应对看似礼貌，实则轻而易举地放弃了一个顾客，那会失去很多提升业绩的机会。

2. "您这就要走了？不用我再给您介绍介绍吗？"

❖ 点评：这种过于贫乏、空洞的应对根本无法让顾客留下，更无法得知顾客离开的原因。

3. 小声嘀咕、抱怨。

❖ 点评：这样没有礼貌的做法，一旦被顾客听到，会招致顾客的不满。

顾客停留的时间越长，就会对卖场、产品有更多的了解，就更容易产生购买的欲望。因此，在不强留、不使顾客产生厌烦情绪的情况下，导购应尽可能地留住顾客。

顾客既然已经来了，即使不是想马上购买产品，起码也是有这方面的想法的。顾客一言不发转身想要离开，说明产品还没引起他足够的兴趣。这时候要想留住顾客，最关键的是要引起顾客对产品的关注。比如，你可以采取主动请教的态度去探询顾客的意见，通常情况下，出于礼貌顾客也会有所回应，这样你也就有机会向顾客做详细介绍了；或者也可以制造一些悬念，吸引顾客的兴趣。

在顾客对产品还没完全了解、没产生购买欲望时，要想引起顾客的关注，说好第一句话或者说好开场白是非常重要的。这是因为，大部分顾客在听你第一句话的时候要比听后面的话认真得多；听完第一句话，很多顾客就决定了是离开还是准备继续谈下去。

开场白的目的就是为了吸引对方的注意，令其对你产生兴趣。精彩的开场白对营造气氛、发现机会、切入正题、加速成交大有帮助。而不恰当的开场白则不利于销售的进行，甚至会使销售陷入僵局。

1. 用好前 30 秒

专家们通过研究发现，在销售过程中，顾客在刚开始的 30 秒钟内所获得的刺激信号，通常比以后 10 分钟里所获得的要深刻得多。因此，吸引顾客注意力的最好时间就是接触他的前 30 秒。只要能够在前 30 秒吸引住他的注意，那么后续的销售过程就会变得更加轻松。

2. 引发第二个问题

好的开场白应该能引发顾客的第二个问题。当你花了 30 秒的时间说完你的开场白以后，最佳的结果是让顾客问你"这个产品怎么样"。当顾客这么问你的时候，就表示顾客已经对你的产品产生了兴趣。

如果你花了 30 秒钟的时间说完开场白，并没有让顾客对你的产品产生好奇或是兴趣，而他们仍然告诉你"没有兴趣"，那就表明你的开场白是无效的，你应该赶快设计另外一个更好的开场白。

3. "请你买"要不得

销售沟通的最高境界，是在顾客不知不觉的情况下成功地推销你的产品。也就是说，要使顾客意识不到你们之间的买卖关系。很多导购在见到顾客时，总是迫不及待地向顾客推介产品，展开他们所谓的"销售沟通"。但是，这种推销味道浓厚的开场白会使顾客心里产生排斥甚至反感的情绪。因为大多数顾客都对商业性质过于浓厚的活动抱有防范心理，他们害怕自己的利益受到损失，或者不愿被打扰。当听到带有销售意味的字眼时，他们的第一反应往往是拒绝。

因此，比较明智的做法是开场白不要表露出任何"请你买"的意思，而要给对方以"这么好的东西，若不给我介绍的话，将是一件很遗憾的事"的感觉。比如"因为这是对您非常有利的……"，或者"最近很多顾客都使用这种从非洲进口的实木楼梯，高端大气上档次，很受欢迎……"

☑ 我们可以这样应对

（顾客转了一圈，什么话都没说就打算离开，这时导购迎了上来）

导购："大姐，既然来了就别那么着急走嘛，买不买没关系，多了解了解，对您家的装修装潢不会有坏处。外边刚好下大雨呢，您可以先坐一下，喝杯茶休息一会儿。"

顾客（抬眼望了望窗外）："怎么突然下这么大的雨啊，我都没带伞。"

导购："大姐，您请这边坐。天气预报说是阵雨，等下应该会停；即便一时半会儿停不了，我们这儿也有雨伞，您不用担心。"

❖ **点评：**如果直接强留顾客，顾客通常不会予以理会。此时可以借助天气等让顾客有留下来的理由；只要顾客留下来了，你就有更多的机会去和顾客拉关系，去向顾客推介。

大讲堂 8

当老顾客来了不知该如何接待才好时

☒ 应避免的错误

1.既然是老顾客，大家都熟悉了，接待随意点好了，不用像对待普通顾客那样客气了，否则就显得生疏了。

❖ 点评：越是老顾客越应该认真接待，你的敷衍只会让顾客感到备受冷落。

2.不管新老顾客，一律统一对待，和接待新顾客没什么两样。

❖ 点评：既然是老顾客，就应该得到不一样的礼遇，否则老顾客凭什么愿意为你的产品做免费宣传？

3.有新顾客来了就先接待新顾客，让老顾客自己坐会儿没什么关系的。

❖ 点评：疏忽了老顾客，就等于对存在于眼前的宝藏视而不见，这是非常错误的做法。

老顾客对任何一家门店、任何一个导购而言都是一笔宝贵的财富，他们能一而再、再而三地光顾，本身就是对你们的品牌、门店甚至是对导购人员本身的极大认可。他们的一句好评，有时候胜过一名优秀导购的十句甚至百句的推荐。可以说，他们是不计报酬的义务宣传员。

有些导购可能会认为，反正是老顾客，大家都挺熟悉的，就不用特别招待了，所以往往只是简单地以一句"欢迎光临"应付，然后将老顾客晾在一边，自顾自地去招呼其他新顾客了。殊不知，你的这种冷落会令老顾客伤透了心：买之前是一种态度，买之后就这么冷淡？请记住，越是老顾客，越应该以加倍的热情去接待。

其实，老顾客的要求并不高，他们只是希望能得到一些情感上的尊重而已。作为一名优秀的导购，要想有好的业绩，就一定不能让顾客有受冷落的感觉。一般来说，对于所熟悉的顾客，你最好不要以一句简单的"欢迎光临"草草了事，而应给予亲切的问候或恰当的赞美。比如："李小姐，好久不见，您最近挺忙的吧？""张阿姨，早上好，今天阳光明媚，您也是容光焕发啊！"

作为一名导购，如果你能够在第一次见面之后就迅速记住顾客的名字，并在下次见面时准确地称呼他们，那么，你在表现出对顾客的重视和尊重的同时，也赢得了对方的好感。

那么怎样才能记住顾客的名字呢？

1. 重复

重复是记忆之母。上学时，老师经常会一遍一遍地让你朗诵、抄写，目的就是让你记住某些知识。一次两次记不住，三次四次记不住，那十次八次呢？重复多了你自然就会记住了。因此，初次与顾客见面并被告知姓名时，最好在交谈中多重复几次，这样便能够迅速而准确地记住别人的名字。同样，如果你想让别人记住你的名字，你就得多多利用机会在他们面前重复自己的名字。

2. 巧分解

一个人的名字通常有两三个字甚至四个字。把这些字分解开来，并有针对性地进行解析，通常也有助于你记住对方的名字。比如，"张华声"这样的名字就可以分解成"弓长张"和"华夏之声的华声"。

很多人在自我介绍时，通常也会对自己的名字进行分解，比如有个小伙子这样介绍自己："我叫张大壮，父亲给我起这个名字，大概是希望我长得高大强壮，但遗憾得很，到现在我还是那么消瘦。"如果顾客只是简单地报上名字，你也可以自己私底下对对方的名字进行分解，以加深印象。

3. 记特征

当顾客报上姓名时，千万不要草草地听听就了事，而应该仔细记住对方的外表特征，让他的名字与其表情、身材、面貌特征等一起印在你的脑海中。

4. 善联想

在记忆别人名字的时候，运用联想是一种很好的方法。联想，就是把顾客的名字与某些事物或熟悉的人名、地名、物名等关联起来。比如，"张桂林"就可以和广西的旅游城市"桂林"联系起来；"宋舒婷"就可以和著名诗人"舒婷"联系起来。这样记忆不但速度快，而且不容易忘。

5. 书面记录

好记性不如烂笔头。晚上下班之前，导购可以将当天所接待过的顾客重新梳理一遍，回忆接待时的情景，并将他们的姓名及时记在工作记录上，经常翻阅。

☑ 我们可以这样应对 1

导购："欢迎光临！两位今天是想看一下实木门吗？哎呀，这位不是张姐吗？您都好久没过来了！来来来，我们先这边坐着喝杯茶，慢慢聊。这位先生也请坐。"

顾客："小杨你还真是好记性，我故意没跟你打招呼，就是想看看你还能不能认出我来。最近生意不错吧？"

导购："承蒙您关照，还不错。对了，张姐，上次您还帮忙介绍陈总过来买门，真心谢谢您啊。"

顾客："呵呵，举手之劳而已。这次我侄子要装修婚房，我又头一个想到了你，到时候可一定要给我个实在价。"

导购："张姐，您放心，这个不用您吩咐我也会做到的。"

❖ 点评：第一时间主动、准确地叫出老顾客的名字，会让老顾客感觉到他在你心目中占有重要地位。老顾客的自尊心得到满足之后，他会更加愿意尽心尽力地为你做免费宣传。

☑ 我们可以这样应对 2

导购："欢迎光临！哟，是傅总啊，什么风把您给吹来了，快请坐！"

顾客："呵呵，我今天就随便看看。"

导购："我一个朋友是开茶庄的，昨天给了我半斤上好的正山小种，刚沏好，您尝尝。"

（这时，又有新顾客进店）

导购："不好意思，傅总，您先稍坐，我先去招呼一下，马上回来。"

（在给新顾客介绍产品的时候，老顾客也参与进来了，并且以用户的身份向新顾客介绍起产品的优点来。最终成交，皆大欢喜。）

导购："傅总，刚才真是谢谢您了。您的推荐太专业了，真有说服力，要是您没在场，说不定我跟顾客说半个小时也没这效果。"

❖ **点评：**不管老顾客来店是否有购买的需求，你都不能表现出任何怠慢。记住老顾客的名字，让他感觉到你对他的尊重，说不定在不经意的时候，老顾客会给你意想不到的极大帮助。

大讲堂 9

当顾客说是熟人介绍来的时

☒ 应避免的错误

1. 和接待其他顾客一样，一视同仁。

❖ **点评：**这种做法很容易招致新顾客的不满，甚至会招致朋友或熟人的不满。

2. 让其他同事帮忙接待。

❖ 点评：朋友或熟人给你介绍顾客，你却推给其他同事，以后谁还会给你介绍顾客呢？

3. 直接告诉顾客，"我只能帮这么多了，如果可以就买"。

❖ 点评：话是实在，不过这也要看对方的性格。

有人帮忙介绍顾客是好事，不过有时候这也够让导购头疼的。相比起来，大家更乐意接待老顾客介绍来的新顾客，而对朋友或熟人介绍来的顾客却感到左右为难；尤其有些顾客不了解行情，明明已经尽最大努力给了最大优惠，却还嫌我们不够意思。

面对这些由熟人或朋友介绍过来的特殊顾客，我们该如何接待才比较好呢？

首先，你要对朋友或熟人表示感谢，适当的时候打电话通知他，感谢他对自己的信任和支持，并表示会尽最大努力让顾客满意。

其次，多了解一些这位新顾客的信息，如购买意向、预算、性格等，以做到更有针对性的推介。

和新顾客初次见面，你可以直接称呼其"×先生/小姐"以拉近距离。接待时要表现出十足的热情，不时地夸一下朋友或熟人的优点，说一些"张先生是个很豪爽的人，对人很好"之类赞美的话。同时，感谢他们的信任，表示"既然您是张先生介绍来的朋友，我肯定会尽心尽力为您服务的"，然后仔细询问顾客的需求，结合先前从"张先生"那里得到的信息，有的放矢地向他推荐。但是，你不能轻易作出承诺，因为如果最后承诺不能实现的话，不仅会对销售不利，还会影响朋友或熟人对我们的好印象。

进入价格谈判阶段时，新顾客肯定会要求享受与普通顾客不同的优惠价格。在条件允许的情况下，你可以为其争取一些优惠。这样一来，顾客就能感受到你的真诚，你的朋友或熟人也会觉得你够朋友、够义气。

☑ 我们可以这样应对 1

导购： "吴总，您好！虽然没见过面，但您的大名我可是经常听到啊，×××经常在我面前提起您，说您为人实在，而且事业做得很成功。"

顾客： "哪里哪里，还是×××的生意好，我这就是小打小闹而已。"

导购： "吴总，您可太谦虚了。对了，您这次准备看什么产品？"

顾客： "我的这套房子有一个露台，大概××平方米，我想做成一个景观区。这方面我也不太懂，你可得上心帮我弄好些。"

导购： "放心吧，吴总，您是×××的朋友，也就是我的朋友，我一定会尽力的。"

❖ **点评：** 朋友的朋友也就是你的朋友，如果能让顾客感知到你的真诚，导购过程就会变得更加顺畅。

☑ 我们可以这样应对 2

导购： "刘姐，您觉得这套产品怎么样？"

顾客： "嗯，这套确实还不错，就是价格太高了。××说你们是闺密，把我介绍过来，你看能不能再优惠点？"

导购： "刘姐，您放心，××是我的好闺密，她的朋友就是我的朋友，我肯定直接给您最优惠的价格。"

❖ **点评：** 当顾客要求进一步的优惠时，导购必须及时喊停，而且必须让顾客清楚地了解一点，那就是给出的价格已经是最大的优惠了。否则，顾客很容易理解为你根本就没把他跟普通顾客区别对待，很容易招致新顾客的不满；如果传到朋友或熟人的耳朵里，甚至会招致他们的抱怨。

大讲堂 10

当顾客难以沟通时

☒ 应避免的错误

1. 还是按自己设定的沟通模式与顾客沟通。

❖ 点评：导购面对的顾客各有特点，千篇一律的沟通模式是行不通的。

2. 这样的顾客肯定不是"好顾客"，没必要过多理会他，有这时间和精力还不如多接待些其他顾客。

❖ 点评：挑顾客的导购永远成不了优秀的导购。

导购每天都要接待一批又一批不同类型的顾客。由于个人性格、经历的差异，有些顾客会让你感觉很好沟通，不管最终买还是不买，双方交流时没什么太大问题；而有些顾客就不一样了，你会觉得他们实在难以沟通，甚至会认为和这种人说话都感觉累。

其实，出现与顾客难以沟通的情况，主要原因就在于没有对准顾客的"频道"。收听电台时，只有调到合适的频段，才能听到悦耳的声音。同样，与顾客沟通时，你也必须对准顾客的"频道"。只有适应对方的沟通方式，找到与对方的共同语言，才能引起对方的共鸣，沟通才会更加顺畅。

1. 情绪同步

"情绪同步"是指在情绪起伏上与顾客保持一致。对方严肃，你也要跟着严肃；对方随和，你也要跟着随和，力求在情感上引起对方的共鸣。

几乎所有的导购都认为，与顾客洽谈时一定要保持愉快的心情，把笑容挂在脸上，以热情洋溢的态度与顾客说话。但有时候，这一招并不一定奏效，因为你的顾客并不一定经常笑容满面，并不一定天天心情愉快。

当你与一个一脸阴沉、言语沮丧、看上去刚刚遭受了挫折或打击的顾客谈事情时，如果你总是笑容可掬、神采飞扬，甚至时不时地开玩笑讲笑话，想想看顾客会有什么感受？恐怕他心里会觉得很别扭：我正难受着呢，看把你美的！

相反，如果你能与顾客"情绪同步"，根据顾客的脸色说话，适当调整一下自己的神色和语调，他的感受就会好得多，甚至会因为你的"善解人意"而对你产生好感。

案例

王经理最近家里发生了很多事情，心里非常烦。可是烦归烦，工作不能不干，他还是硬着头皮接待了两位前来拜访的销售人员。

第一位销售人员一看到王经理就满脸笑容，大声说道："王经理，好久不见了。听说你前几天休假了，玩得很不错吧？昨天我们公司也组织去武夷山玩了……"王经理不耐烦地摆摆手："有什么事，赶紧说吧。"销售人员马上就拿出一份合同："王经理，上次您让我今天带合同过来……"一听到合同，王经理就火了："上头还没批呢，你过几天再来吧。"

第二位销售人员一进门，看到王经理心事重重，马上把笑容收了起来，问道："王经理，怎么回事？什么事情能让你如此发愁？"王经理接口就说："唉，谁没有个烦心事啊。我家里……"一个多小时下来，两个人都只是在相互倒苦水，丝毫没有谈及生意的事情。最后，王经理说："行啦行啦，烦心的事情放一边，我们谈谈正事吧。

> 您上次的方案，我给领导看了，他觉得很不错，有几个地方修改一下就可以了……"

2. 认识同步

在销售过程中，绝大部分导购都有一种思维定势，那就是当顾客提出反对意见时，他们总是想方设法地竭力辩解，并且不时地冒出"但是""可是""然而"这样的字眼。殊不知，这样的字眼经常会令顾客感觉受到排斥，拉远了与顾客的距离。想想看，如果有人对你说："您是个好人，但是……"你会感觉舒服吗？

当你表达不同意见时，不妨多用"同时"这样的词，放弃"可是""但是""然而"这些令人不舒服的转折词，以消除顾客的对立情绪。这就是通常所说的"合一架构"，即当与对方有不同意见时，不要用转折词否定别人，而应使用"同时"等连接词为自己的观点另开一条路，以避免使对方产生抗拒心理。简单地说，"合一架构"其实就是"好……同时……""感谢……同时……"和"同意……同时……"等句型的运用。

合一架构		
句型	要点	举例
"好……同时……"	在夸奖对方的同时，真诚地给出更好的建议	"这套沙发显得很大气，（同时）配上那款茶几，会更加气派"
"感谢……同时……"	不要直接反击对方，以免让对方难堪	"非常感谢您的建议，同时我们公司有自己的规则"
"同意……同时……"	在表示认可的同时，提出你的意见	"我同意您的说法，同时也请您考虑我们的难处"

3. 生理状态同步

生理状态同步会使沟通产生意想不到的效果。如果两个陌生人拥有类似的肢体语言，他们往往会觉得一见如故，彼此感觉特别亲切。这种感觉的产生是无意识的，所以"生理状态同步"通常也被称为一种潜意识沟通模式。

要做到生理状态同步，最为重要的就是模仿。模仿会拉近双方的距离，就如朋友间会不由自主地模仿对方的习惯动作，夫妻间会表情越来越接近。当你使用与对方相近的肢体语言、面部表情与对方沟通时，对方会下意识地喜欢上你、接纳你。

4. 语气语调同步

每个人说话的语气和语调都不相同。有的人说话声音洪亮，有的人说话细声细语；有的人说话快如弹珠，有的人说话慢条斯理。试想一下，如果你遇到的是一位说话声音大、说话速度快的顾客，而你却用缓慢的语速和顾客交谈，顾客会有耐心听你把话讲完吗？

沟通过程中，合拍很重要，当顾客感觉到你的说话方式和他一致时，他会更乐意和你交流，从而达到更好的沟通效果。

作为导购，你只能自己去适应顾客，而不能要求顾客适应你。因此，在和顾客交谈时，导购一定要根据顾客的习惯进行适当的调整，尽量使你的语气语调和顾客同步。

5. 语言文字同步

为什么有些学历高的导购的销售业绩反而比不上那些学历低的导购？除了能力、勤奋等因素外，缺乏共同语言、无法与顾客达成语言文字同步也是一个非常重要的原因。

所谓语言文字同步，指的是在销售过程中，导购应该根据不同顾客的文化程度、表达习惯和理解能力等来调整自己说话的内容和方式，尽量使自己使用的语言文字能让顾客听懂，这样顾客就更容易接纳你，并乐于和你沟通。

☑ 我们可以这样应对

顾客："唉，装修真是无底洞，买瓷砖也超标，买实木门也超标，家具这一块看来也要超标了。"

导购："是啊，现在装修一套房子真不容易。我碰到过好多顾客，大家一谈到装修头都大了，现在的材料、工钱都太贵了。"

顾客："是啊，真是太可怕了。这样吧，你看看这套沙发能不能再优惠点，13000元怎么样？"

导购："大姐，说实话，我也很想13000元卖给您，只是现在这个价格已经是底价了。这次是国庆节搞促销，平时这款沙发都要卖2万多元的。您看，这款沙发款式新颖大气，（同时）材料也是当今流行的……"

❖ 点评：当顾客感慨说"装修太贵"时，导购要学会与顾客认识同步，赞同"装修不容易，材料工钱都太贵"，这样顾客心里就会舒服点。不要反驳顾客说"哪里贵了，我们这款沙发已经非常便宜了"，否则顾客会觉得你丝毫不顾及他的感受，甚至会觉得没法和你沟通。

大讲堂 11

当顾客非常有个性，不知如何应对时

☒ 应避免的错误

1. 不管顾客是什么性格，按正常流程接待就可以了。

❖ 点评：接待个性强的顾客时，稍不注意就容易起纷争，搞不好不但生意没做成，门店以及你个人的形象也会因此而大打折扣。

2. 对这种不好沟通的顾客，没必要浪费过多的精力。

❖ 点评：挑顾客的导购不是一个好导购，好业绩也与他无缘。

3. 与顾客针锋相对，不能"输"给他。

❖ 点评：逞一时的口舌之快只会令你赢了争吵输了生意。

"人上一百，形形色色"，既然打开门做生意，就会遇到各种各样的顾客。对于导购而言，要学会应对各种性格的顾客，这样才能掌握销售的主动权。

1. 不要与顾客争辩

在顾客提出异议后，有些导购为了证明自己的产品并没有顾客所指出来的那些问题，于是处处为自己的产品辩护。其实这样的做法反而可能会加深顾客的疑虑，即使顾客接受你的辩解，但是对你这个人也会产生负面的印象。

有句销售行话说："占争论的便宜越多，吃销售的亏越大。"顾客提出异议，意味着他需要得到更多的信息。不管顾客的意见是对还是错，导购都不要与顾客争辩，因为争辩是说服顾客的最笨的方法。

即使你在口才上占了上风，即使你在争论中取胜，最后顾客仍然可以不买你的产品来赢你，而你将彻底失去成交的机会。因此，与顾客争辩，失败的永远是导购。

2. 要给顾客"留面子"

导购过程中，有时确实会出现顾客横挑鼻子竖挑眼的情况，如果这时候导购也针锋相对，势必会影响到双方的交易。聪明的导购往往善于给顾客一个台阶，这样才能平息双方的矛盾，有利于最后的成交。

（1）不要不耐烦。

当顾客提出意见时，你要双眼正视顾客，面部略带微笑，表现出全神贯注的样子。无论他提的异议是对是错，都不能表现出轻视的样子，例如不耐烦、轻蔑、走神、东张西望、绷着脸等。

（2）不要过于直白。

俗话说"打人不打脸，揭人不揭短"，如果你想与顾客达成交易，就绝不能让他们丢了面子。在与顾客沟通时，如果发现他在认识上有不妥的地方，绝不能直截了当地指出，说他这也不是、那也不对。

在与顾客沟通时，一定要把握谈话的技巧和沟通的艺术，即使顾客有缺点，也不能当面批评、教育或者大声指责，否则只会招致顾客对你的怨恨与反感。感谢、赞美才是正确、有效的词语。因此，在顾客面前，你要学会多赞美、少批评。

（3）不要赤裸裸地反驳。

即使顾客的意见是错误的甚至是可笑的，你也不能语气生硬地对顾客说"你错了""连这你也不懂"；更不能显得比顾客知道的更多，如"让我给你解释一下……""你没搞懂我的意思，我是说……"，这些说法明显地抬高了自己、贬低了顾客，会挫伤顾客的自尊心。

要永远牢记：处理异议的目的是为了最终的成交，而不是为了逞一时口舌之快，或者为了表现自己。

3. 不同性格不同应对

导购可以根据不同的性格特征对顾客进行细分，对于不同性格的顾客，使用不同的接待、推介方法，做到因人而异、区分对待，以顾客喜欢的方式去对待顾客，这样才能赢得顾客的喜欢，提高销售成功率。

☑ 我们可以这样应对 1

导购："刘姐，这套橱柜简直就是为您量身定做的，非常符合您家的装修风格，您也看了好几遍，价格什么的我看您也都挺满意的，我们现在是不是可以下订单了？"

顾客："先别着急，虽然我也觉得这套橱柜不错，不过凡事不可看表面，我觉得我还得多问问业内人士。前两天我看新闻，说家装市场猫腻很多，我们这儿就查出了十几个品牌的橱柜有问题，尤其是材料方面，很多都是挂羊头卖狗肉，不合格的非常多。"

导购："刘姐，您可真沉稳，不愧是当老师的。您说的这条新闻我也看到了，相信您也发现了，那些不合格的主要都是一些小品牌。像我们这样的国际知名品牌，是不会出现这种问题的，否则不就砸了自己的牌子吗？"

❖ **点评：**这类顾客属于理智稳重型的，他们考虑问题全面而深入，不会轻易被导购的言辞说服。他们对于自己不明白或不赞同的地方，会积极地提出问题，并说出自己的看法，直到所有问题都解决了才罢手。

面对这类顾客，导购要加强对产品品质及其独特优点的说明，通过举例、分析、比较的方式，让其全方位了解产品的特点和优势所在。一切说明都要有理有据，不可操之过急，多方分析、层层推进才是最好的办法。

☑ 我们可以这样应对 2

导购："杨姐，刚才您看的这套家具还满意吧？"

顾客："我还想再考虑一下。你们这套儿童家具好是好，就是太贵了。我孩子才上幼儿园大班，用这么贵的家具，总觉得没什么必要。"

导购："杨姐，您也知道我们这个品牌是专门做儿童家具的，我可以很负责任地告诉您，孩子年龄还小，对各种有毒物质的抵抗力远没有咱们成年人强，所以，给孩子选家具也都要格外用心。您看的这套家具，采用的是原木材料，用的是铆接法，将胶的使用量降到最少，油漆也是×××工艺的，对人体几乎无害。孩子是全家的希望，我们做家长的又怎么可以不为他们的健康成长多做考虑呢？"

顾客： "这倒也是……"

导购： "杨姐，您来的真是时候，不知道您有没有看到我们店门口的海报，今天是我们十周年店庆活动的最后一天，全场商品95折优惠。您这一套算下来可以省1000多元呢。"

顾客： "真的吗？那好吧。"

❖ **点评：** 这类顾客属于优柔寡断型的。优柔寡断型的顾客总会犹豫不决，买东西时总是会考虑这考虑那，反反复复无法作决定。但是，另一方面，这种性格的顾客也最容易受旁人观点和看法的影响。因此，导购在接待这种性格的顾客时，就要表现出坚决、自信的态度，获得他们的信任，对他们提出的任何异议都要认真对待，拿出有力的证据说服他们。当发现顾客有购买欲望时，就要抓住机会，坚决采取行动，促使顾客做出购买决定。

☑ 我们可以这样应对 3

导购： "汪总，请问我们什么时候安排送货？"

顾客： "算了，我还是不要了。"

导购： "汪总，刚才您看了也挺满意的，为什么突然决定不要了呢？"

顾客： "刚刚我朋友说，很多红木家具都是假的。花那么多钱，万一买了套假的怎么办？"

导购： "汪总，不可否认，您说的这种情况市场上的确是存在的。您放心，我们的红木家具全部都是正宗红木。您也知道，我们是知名品牌，不可能拿自己的品牌开玩笑的，现在创建一个品牌不容易。"

顾客："我知道你们是大品牌，但大品牌不一定就没问题。你有什么证据能证明你们的红木家具百分之百是真的？"

导购："您看，这是我们的质量承诺书，如果您发现货不对板，我们可以十倍赔偿。"

顾客："嗯，这样还差不多。"

导购："汪总，请问我们什么时候可以安排送货？"

❖ 点评：这类顾客属于感情冲动型的，他们容易受外界刺激，短时间内就能作决定，但也容易变卦。导购在面对这种类型的顾客时，应该着力强调产品的优势和能给顾客带来的好处，力求速战速决。当顾客表现出购买欲望时，应坚决果断地要求成交，不给他留下反悔的余地。

☑ 我们可以这样应对 4

导购："苏总，您觉得刚才那款实木门怎么样？"

顾客："还行。"

导购："没关系，您有什么疑问尽管提出来，挑到自己满意的才是最重要的。"

顾客："也没什么，我对这个也不是很懂。"

导购："对了，苏总，刚才听您说，您平时喜欢旅游？"

顾客："是啊，我每年都要出去旅游两三次，去年还去了一趟美国。"

导购："真羡慕您，像我们打工的，想出去旅游一趟很不容易。我们这款实木门就是用美国进口的樱桃木做的。樱桃木的木质细腻，给人以华贵高雅的感觉，是当今最流行的木门用料之一。"

顾客："去年去美国时，我觉得他们那边的别墅都建得非常漂亮，装

修也很有风格。"（通过巧妙的对话，让顾客说出自己的心声）

❖ 点评：这类顾客属于沉默寡言型的。他们从不轻易发表自己的看法，出言十分谨慎，很难了解其内心真实的需求。面对这类顾客，导购不能只顾着介绍产品，而要用心拉近彼此之间的距离，抱着诚恳、亲切的态度，试着了解其工作、家庭、喜好等情况，以便找到闲谈的话题，进一步了解其内心的真实需求。

☑ 我们可以这样应对 5

导购："蒋小姐，您觉得这款沙发怎么样，满意吗？"

顾客："别的还好，就是颜色太淡了，容易脏。上次去一个朋友家里，他们家的沙发也是浅色系的，小孩吃了东西后东摸西摸了几下，就感觉脏兮兮的了。"

导购："是的，很多浅色系的沙发都有这个问题。不过您放心，我们这款沙发用的是绒布，防尘、防污效果比普通的布艺沙发要好，平时若沾上污渍，用清水擦洗就可以了。"

顾客："哦，是吗？不过听说绒布沙发比较容易起静电，我家那位皮肤很干燥，动不动就会起静电。上次去北京旅游，住酒店的时候，他一脱衣服，'哗啦哗啦'的响，害得我儿子大叫……"

导购："呵呵，北方冬天气候干燥，是比较容易起静电。不过沙发不像衣服，一般不容易起静电。请问您家住哪里？我填写一下送货单。"

❖ 点评：这类顾客属于小心谨慎型的。他们在做重大决定之前，无论大事小事甚至不相干的事都会考虑在内，还很容易跑题。对待这类顾客，要讲求速战速决。当顾客高谈阔论、离题很远的时候，导购不能贸然打断他的话，而应寻找恰当的时机引导他回到主题上来。

☑ 我们可以这样应对 6

顾客： "这样吧，大家都是年轻人，也别婆婆妈妈的了。一口价，35000 元。"

导购： "陆总，您干脆，我也爽快，35000 就 35000。您看您是刷卡还是付现金？"

顾客： "刷卡吧。"

❖ **点评：** 这类顾客属于豪爽干脆型的，干脆利落、雷厉风行是他们的办事风格。他们开朗乐观，但是做事缺乏耐心，容易冲动，还会感情用事。作为导购，在这类顾客面前要尽力表现出豪爽干脆的一面，让他们觉得你是"同道中人"，从而乐意跟你做生意。

大讲堂 12
当感觉顾客是准备看好款式自己做时

☒ 应避免的错误

1. 说些不好听的把他们轰走。

❖ **点评：** 这样做只会自损品牌的形象。要知道，顾客的需求很多时候都是被引导出来的，只要顾客还没有做出最终的决定，导购都还有机会说服顾客。轰走顾客的做法等于直接放弃。

2. 爱看看去，不管他。

❖ **点评：** 这种完全不作为的方法也是不可取的，顾客这次不买，并不代表下次也不会买。导购应该抓住任何展示自己产品的机会。不去试，怎么知道没有希望呢？

很多时候，顾客的需求都是被引导出来的：原本没打算买的，最后买了；原本没打算买那么好的，最后买了。这就是导购的作用。当顾客带自家的木工进店看款式准备回家自己打造时，你既不能冷脸相对，也不能置之不理。你要做的应该是用相对温和的方式来接待顾客：先让顾客对你个人产生一定的好感，这能让顾客的防备心大为降低；接着，可以通过灵活的对比，让顾客清楚地认识到木工所做的家具有很多不足之处，从而将顾客往品牌家具上引导。

☑ 我们可以这样应对

（一位大姐带着一位木工师傅前来看家具。大姐负责跟导购讲话，而师傅则趁机去看式样、量尺寸。）

导购： "一看大姐您就是个精打细算会过日子的。现在随便装修一下，十几二十几万元就没了。"

顾客： "是啊，我这次装修真的是样样超出预算啊，所以家里的家具我就打算找个木工师傅看个样式自己做了，能省点儿是点儿。"

导购： "是啊，挣点钱都不容易。看您这位师傅也是位老师傅，手艺应该不错，像桌子、椅子啊什么的，自己做一下也是个省钱的办法。"（顾客见导购竟然这么通情达理，一时语塞。）

导购： "不过呢，我建议您床啊、沙发啊这些还是要买品牌的。您想啊，我们一天当中差不多 1/3 的时间都在睡眠，品牌的东西在人体工学等方面肯定是比自己做的要好很多，睡着才会更舒服；而沙发摆在厅里，客人一来就能看得到，不够档次的话也不太好。我们的产品在材质、做工、售后服务等方面都没得挑……"

❖ **点评：** 对于这类顾客，如果说些不好听的试图把他们轰走，实际上是堵死了顾客购买的可能性。顾客带了师傅来看某款床铺的式样，并不代表他一定不会买你的沙发；顾客带了师傅来看某款沙发的式样，并不代表他一定不会买你的橱柜。

大讲堂 13
当旁人插嘴影响了眼前的顾客时

☒ 应避免的错误

1."挺好看的，怎么不好了？"

❖ 点评：这样的应对并不能消除顾客的疑虑。正常来说，出于对导购的戒心，顾客更愿意相信其他人的说法，而不是导购的说法。

2."拜托你不要乱说好不好。"

❖ 点评：有点恼羞成怒的感觉。顾客看到这样，可能就会更相信其他顾客的话了。而且，这样的话语很容易让插嘴的顾客产生不满，导致双方发生争吵。

3."你不买东西就不要在这瞎说。"

❖ 点评：在销售过程中，闲逛顾客插嘴品评的事件经常会发生，导购一定要保持得体的礼仪。

因为卖场是个人流量比较大的地方，顾客之间相互品评的现象非常普遍。而且，很多顾客对导购都有一种天生的抵触，总感觉"买的没有卖的精"，生怕自己被卖家的花言巧语欺骗，有时候闲逛顾客的随便一句话就抵过导购的几十句上百句话。一旦闲逛顾客的品评是消极的，很多导购就会自乱阵脚，不知所措，只能眼睁睁地看着到手的生意黄了……

终端销售是打开门做生意的，凡是进门的都是客。从长远来看，闲逛顾客也可能是店里的潜在顾客。在销售过程中，闲逛顾客的一句话可能成为顾客购买的阻力，也有可能成为顾客购买的推动力。遇到给出负面意见的顾客，导购更要沉着应对、灵活处理。具体来说，当别的顾客不适宜地"插嘴"，影响顾客的购买决定时，导购应该做到以下三点。

（1）镇定自若，保持一颗平常心，不能有任何损害我们自身形象的语言和行为，否则会让顾客认定你的产品有问题。

（2）适时地引开闲逛顾客，避免其对销售活动产生过多的干扰，并迅速转移闲逛顾客的焦点。引开闲逛顾客时，千万不能粗暴无礼，也不能对其进行埋怨或者指责。

（3）依旧把重点放在正在接待的顾客身上，委婉提醒他别人的意见并不重要，家是自己休息的港湾，自己的感受才最重要。

☑ 我们可以这样应对

顾客 B："谁会在自己家里放颜色这么鲜艳的沙发呀？"

导购（微笑着对闲逛的顾客 B）："呵呵，每个人对颜色的理解都不太一样。看来您应该比较喜欢一些素净一点的颜色吧？小刘，来，带这位大姐去看一下我们今年的 ×× 系列。大姐，您请。"

导购（转向正在接待的顾客 A）："对颜色的喜好就像人的性格，都是千人千面的事情。现在人们都是轻装修重装饰，就是这个道理：即便相同的房子，不同的人也可以装饰出不同的风格。家毕竟是一个比较私密的空间，是自己和家人的温馨港湾，采用什么样的风格或色系，关键还是要看自己的喜好。"

❖ 点评：作为导购，无论遇到什么样的情况都应该保持冷静。只有这样，才能及时化解负面评价带来的不利影响，也才能给顾客吃下定心丸，保证销售过程的顺利进行。

第二章

当顾客有这样的疑虑时

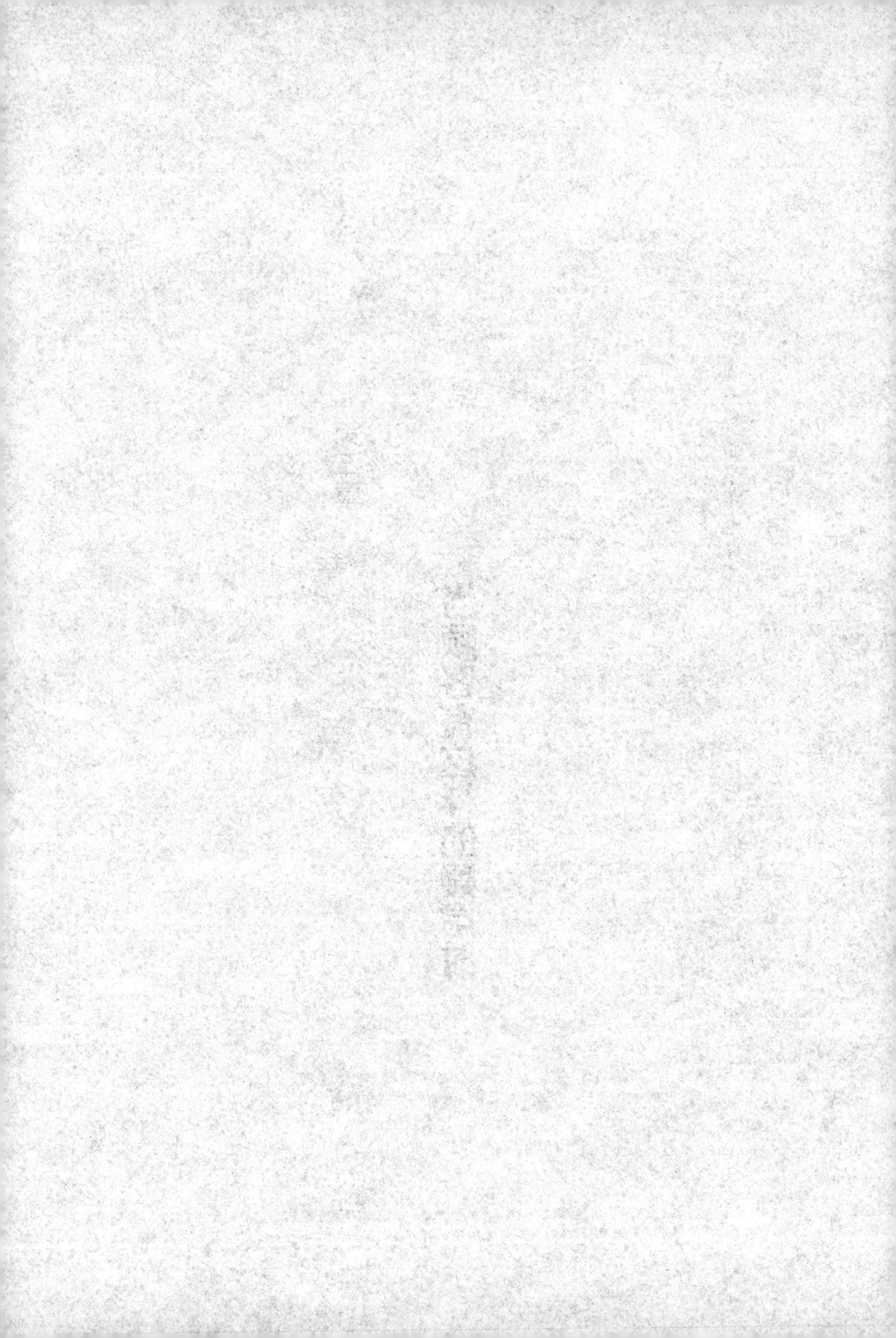

大讲堂 14
你们这款沙发有蓝色的吗

✖ 应避免的错误

1．"不好意思，蓝色的都卖完了。"

❖ 点评：听了这话，顾客可能感到失望，继而就离开了。

2．"为什么非要蓝色的呢？"

❖ 点评：这样的回答会让顾客感觉不舒服。顾客要什么颜色是他们自己的
事情，作为导购，你只能引导顾客，而不能去质问顾客。

事实上，导购的工作可不简单，导购不单单是销售人员，还是顾客的
消费顾问。导购不仅仅要向顾客推介产品，还要把握顾客的心理，引导顾
客的购买行为。

面对顾客提出的这类问题，很多导购都会觉得应该如实回答，因为没
有就是没有。但如果这样回答，顾客可能转身就走了。其实，顾客想要蓝
色的沙发，这只是他的初步意愿，只要能够让他感受到其他颜色其实也不
错，那他可能就会改变想法。

当然，想要引导顾客的购买行为，就必须学会多用肯定句，少用否定
句。因为同样是提出建议，肯定句式是在肯定顾客陈述的基础上提出的，
容易被顾客接受；而否定句式则是在否定顾客陈述的基础上提出的，会使
顾客产生一种被轻视、被挑衅的感觉，从而产生抵触情绪。

☑ 我们可以这样应对

顾客: "请问这款沙发有蓝色的吗?"

导购: "不好意思,眼下这款沙发只有米黄色和浅灰色两种,这两种颜色比较百搭,卖得也最好。能不能告诉我您家里的装修采用的是哪种风格?说不定我可以给您一些建议。"

❖ 点评: 诚恳的询问会拉近导购与顾客之间的心理距离,了解顾客家中的整体风格也会让你之后提出的建议更有建设性,这样才能赢得顾客的信任。

大讲堂 15

你们店有 ×× 产品吗(进门就直接询问)

☒ 应避免的错误

1. "有,×××元⋯⋯"

❖ 点评: 一旦价格超出了顾客的预算,那顾客可能就转头去其他门店了。

2. "有,我们代理的是 ×× 品牌的。"

❖ 点评: 如果顾客压根不喜欢你所说的这个品牌,那就等于直接把顾客赶走了。

3. "不好意思,没有。"

❖ 点评: 只能说你是诚实的,但很可惜,这种不懂得把握机会的导购是很难取得好业绩的,因为你不懂得去引导顾客的需求。

　　顾客直截了当地询问某种产品，甚至具体到型号时，说明他对该产品已经有了一定的了解，或者是有朋友向他推荐，或者是看到了媒体广告等。

　　这个时候，顾客的需求是相对明确的，我们没有必要大张旗鼓地介绍该产品的性能，需要做的就是去了解具体是何种原因促使顾客产生这种需求。只有这样，才能找出有针对性的应对措施。

　　此外，我们还需要注意一点，顾客的需求是可以引导的，即使我们手中的产品无法 100% 满足顾客的要求，只要能让顾客对我们的产品做出充分的了解，成交的可能性就会加大。

☑ 我们可以这样应对

　　顾客："你们这儿有 ××× 吗？"（顾客一进门就直接发问）

　　导购："这位先生，您说的 ××× 我们有。请问您之前了解过类似产品吗？"

　　顾客："那倒没有。我一个朋友在使用这个产品，听她说效果不错，所以我也想买了。"

　　导购："确实，现在越来越多的家庭都开始使用 ××× 产品。请问，您的这位朋友用的是什么品牌的呢？"

　　顾客："A 品牌的。"

　　导购："我们代理的是 B 品牌。其实，无论哪个牌子的 ××× 产品，其功能都是大同小异的。而且，我们 B 品牌是知名品牌，去年还是行业十佳品牌之一，您可以了解一下，这边请。"

　　❖ **点评：**为了能摸准顾客的真正需求，我们得引导顾客说出他直接询问该产品的原因，这样才能有针对性地进行推介。

大讲堂 16

你们为什么找 ×× 代言呢

☒ 应避免的错误

1. "我也不懂，这是公司的决定。"

❖ 点评：这种说法等于告诉顾客"不要问我，我也不知道"，顾客会认为没有得到足够的尊重，很可能转身就走。

2. "因为她很适合我们的品牌。"

❖ 点评：这样的回答会让顾客很不满意。本来顾客只是对代言人不满意，对你们的产品还是有兴趣的，否则就不会前来光顾了。但如果你和她唱对台戏，她说不满意 ×× 代言，你却说 ×× 适合你们品牌，那她就会对这个品牌很失望。

3. "我觉得找她挺好啊，很多人喜欢她。"

❖ 点评：和顾客争论哪个明星好，对你的销售业绩没有任何好处，反而会让顾客觉得和你不对路，对你也没有了好感。

顾客的异议往往千奇百怪，具有较大的随意性，导购不必事事认真对待，特别是对一些与买卖无关的问题或者顾客随口提出的问题，如果我们一当真，就会陷入无意义的争执中。

具体而言，对于"你们为什么找 ×× 代言"这类异议，我们可以采用忽视法处理。所谓忽视法，就是当顾客提出一些反对意见，而这些意见和顾客的利益没有直接的关系，也不至于给我们的销售带来影响时，我们只要面带笑容地表示同意，或微笑着不作答就可以了。

推销专家认为，在实际销售过程中，80% 的反对意见都应该冷处理。

对于一些"为反对而反对"或"只是想表现自己的看法高人一等"的顾客意见，若是不分主次地认真处理，不但费时，而且有节外生枝的可能，比如顾客会认为你是在挑他毛病。这个时候，我们该做的就是满足顾客表达的欲望，然后尽量迅速地把顾客的焦点转移到产品本身上来，这才是最稳妥和有效的做法。

☑ 我们可以这样应对 1

顾客："你们怎么会请 ×× 做代言人呢？要是请 ××，大家肯定会更喜欢你们的品牌。"

导购（面带微笑）："小姐，您说得是。您看这款升降衣架……"

❖ 点评：顾客的这番评论，可能只是下意识地随口一说，所以导购只要轻轻带过，把话题转回产品本身即可。

☑ 我们可以这样应对 2

顾客："昨晚电视又放你们的广告了，你们为什么找 ×× 代言啊？要是换 ×× 来拍，肯定效果更好，我肯定第一个来买。"

导购（面带微笑）："先生，您说得没错。"

❖ 点评：对于一些顾客随口所提的意见，若是不分主次地认真处理，不但费时费力，而且对销售毫无帮助，此时，导购只要面带笑容表示同意就好。

大讲堂 17

你们真的是国际品牌吗

☒ 应避免的错误

1."我们确实是国际品牌，这一点您可以放心。"

❖ 点评：这样的说法很诚恳，但是没有提出有力的证据，缺乏说服力。

2."我们大部分材料都是进口的。"

❖ 点评：这种说法无疑是在告诉顾客，他的怀疑是正确的，你们只是材料是进口的，根本不是真的国际品牌。

3."我们是合资品牌，您就放心吧。"

❖ 点评：这样的说法显得语言模糊，既不肯定也没否定，很难让执着的顾客信服。

当顾客提出异议时，相当于站在了同我们对立的立场上，有着一定的对抗性。一名销售高手提出了"善于示弱"的销售方法：在顾客提出异议的时候，向顾客"示弱"，满足对方的挑剔心理，这样生意很快就能成功。向顾客示弱并不是真的示弱，而是顺着顾客的思路，用一种曲折迂回的办法来引导对方。

顾客对国际品牌的真实性有所怀疑，我们可以对顾客的异议表示理解，或者委婉地赞美顾客的"挑剔"；然后顺势宣传自己的品牌优势和产品特点，再结合顾客的需求，有针对性地进行推介。

☑ 我们可以这样应对 1

导购："现在很多商家打着国际品牌的幌子欺骗消费者，也难怪您会这么问。不过，我们确实是国际品牌，公司都是按照国际标准来要求产品质量和服务质量的，因此很多顾客对我们的产品和服务非常满意，很多老顾客都带朋友来光顾呢，这一点您只要感受一下就知道了。您看，这一款××就是设计师今年的大手笔，它……（讲出产品的特点、优点）。"

❖ 点评：先对顾客的感受表示理解，这样才能让顾客看到你的同理心，才能消除心理障碍，之后才能更好地接受你的推介。

☑ 我们可以这样应对2

导购："先生对我们这个行业还真是了解。不瞒您说，我们是××合资品牌，并非单纯国际品牌。不过，通过合资，我们引进了国外的先进工艺，在品牌的管理和运作上也都遵照国际标准，大大提升了产品和服务的质量。就像您看的这款×××，它……（讲出产品的特点、优点）。"

❖ 点评：导购顺着顾客的思路适当"示弱"，可以满足顾客挑剔的心理，让顾客在不知不觉中放松警惕，从而更容易接受导购的观点，这样销售才能够得以顺利进行。

大讲堂18

你们是新品牌吧，我都没有听说过

☒ 应避免的错误

1."不会吧，我们这个牌子很出名啊。"

❖ 点评：这种回答向顾客透露出"你怎么这么孤陋寡闻"的信息，会让顾客感到不舒服。

2."我们经常打广告啊，您都没见过吗？"

❖ 点评：这样的口吻有质问顾客的意味，将可能伤害到顾客的自尊心，导致销售进程的中断。

3."是的，这个品牌是去年刚创立的。"

❖ 点评：这等于直接告诉顾客我们是新品牌，容易引起顾客对产品质量的怀疑。

随着市场竞争的加剧，每天都有新的品牌面世。没有人能把所有的品牌都记在脑海里，也没有任何品牌能够真正做到"人尽皆知"的地步。因此，顾客提出"没听说过你们这个牌子"的质疑也是正常的。

在消费者的心里，品牌是和质量、档次挂钩的。正因为如此，才会有那么多人在买家居产品时只认品牌，非大品牌不要。

很显然，当顾客提出"没听说过这个牌子"这样的异议时，肯定会对成交构成障碍。因此，我们要妥善处理顾客的这类异议。

☑ 我们可以这样应对 1

顾客："你们是新品牌吧？我都没听说过。"

导购："不好意思，我们是创立多年的品牌了。不过您没听说过也不奇怪，因为我们是法国品牌，今年才进入中国地区，以后还请您多多关照。国外很多名人都是我们的忠实顾客，比如×××，用的就是我们的产品。您看的这款×××，采用的是……（介绍产品特点、优点）"

❖ 点评：先对顾客的观点予以肯定，表面上看来是在示弱，实际上是在无声无息中引导了顾客的思路。

☑ 我们可以这样应对 2

顾客："你们是新品牌吧？我都没听说过。"

　　导购："看来我们公司要加强广告宣传了，其实我们品牌是××年创立的，算起来也有好多个年头了。您没听说过没关系，借着这个机会我向您介绍一下，我们的品牌主推……您家中装修属于什么风格呢？明白了，那这边的几款产品我觉得您应该喜欢，您请。"

❖　**点评**：任何品牌都不可能人尽皆知，导购要抓住顾客进店的机会，做好自家产品的宣传，用良好的质量和服务来吸引顾客的青睐。

大讲堂 19

款式好少，都找不到我喜欢的

☒ 应避免的错误

1. "怎么会少呢，有很多啊。"

❖　**点评**：多与少属于主观上的判断，加之反问的语气，很容易招致顾客的反感。

2. "新款过两天就到了。"

❖　**点评**：说的可能都是事实，但是属于非常消极的回应，无法消除顾客的抱怨，更无法激起顾客的购买欲望。

　　顾客抱怨款式太少，其实就是典型的择优心理。在购买过程中，顾客希望通过比较来选择最好的一款，当没有多少选择余地时，顾客的购买欲望就会打折。面对这种情况，我们应该强调"少而精"的好处，或者多提供可以选择的款式和颜色。需要注意的是，表达要委婉，以便顾客更容易接受我们的意见。

☑ 我们可以这样应对

导购："您说得没错，我们店铺的款式看起来是比较少。这是因为我们的产品都是经典款的，件件都是精挑细选。您可以走近些仔细看看，我们每一套家具都有自己的特色，有的看起来差不多，但在某些细节上又有差别。我觉得这两款就很适合您，这边请，我为您介绍一下。"

❖**点评：**先顺着顾客的意思说，然后再另辟蹊径向顾客解释款式不多的原因，试探着向顾客推介他们之前留意过的款式，这样更容易赢得顾客的青睐。

大讲堂 20

这款式和 ×× 很像，到底谁仿谁啊

☒ 应避免的错误

1. "已经有很多顾客这样说过，这个我也不知道啊。"

❖ **点评：**这样的回答只能说明导购缺乏专业性，不仅对自身品牌认识不足，对竞争对手也不了解，很难取得顾客的信任。

2. "我们品牌是不会抄袭其他牌子的。"

❖ **点评：**这样的回答差不多是在告诉顾客：是那个品牌在仿照我们。这种贬低竞争对手的做法是很难获得好声誉的。

当销售过程中出现这样的情况时，我们千万别主观性地给出答案，否则可能诋毁了对手也损害了自己的名誉。要知道，很多时候顾客只是随口问问，我们只要象征性地回答顾客"各有千秋"就可以了，千万不要较真和顾客争辩。重要的是，我们要转移顾客的焦点，把重点放在产品推销上。

☑ **我们可以这样应对**

顾客："你们这款式和××很像，到底谁仿谁啊？"

导购："您真是好眼光，我们这两个品牌都是叫得响的好品牌，都有各自的风格和特色，关键要看是不是适合您家里的装修风格，是不是您喜欢的款式。我们品牌……（介绍产品特点、优点）刚才听您说您家的整体风格属于×××，我认为×××应该会很适合。这边是我们的展示区，我带您体验一下。"

❖ 点评：与顾客争辩，导购永远不可能是赢家。顾客的这类问题通常只是随口一说，导购没有必要辩白，只需轻轻带过，将自己品牌的优点呈现给顾客才是硬道理。

大讲堂 21

款式还可以，不过材料好像不是很好

☒ **应避免的错误**

"您这种说法我还是第一次听说。"

❖ 点评：这种直接反驳顾客的回答，容易让顾客感觉自己被认为没有眼光，会让顾客很不舒服。

从自己腰包里往外掏钱，谁都不会那么爽快。顾客在消费时，为了让自己的钱花得值，必然会事无巨细地质询一番。当顾客开始质疑你的店铺、你的产品、你的服务时，并不代表他不喜欢这件产品，而是表明了顾客对产品有需求，只是他还没有完全被说服，此时距离交易成功就差导购的临门一脚了。

沟通是一把金钥匙，恰到好处的提问，有利于导购和顾客就某一问题达成一致，从而促成交易。所以，当顾客提出此类问题时，我们不要急于反驳，在肯定顾客的同时要通过恰当的提问，鼓励顾客说出心里的具体感受，了解到更充分的信息，从而针对问题的关键想解决办法。

☑ 我们可以这样应对

顾客："款式还可以，不过好像材料不是很好。"

导购："这位女士，一看您就是位细心的好妈妈。给孩子买东西，一定要注意所用的材料，材料要是不好，会影响到孩子的身体。我们这款青少年组合寝室家具，采用的是×××材料，这是材料的小样和权威机构的认证书。这种材料密度大，即便是梅雨季节也不用担心变形发霉；（屈膝引导顾客观看细节部分）您看，连接处采用的是传统的铆接法，将胶水的使用量降到最少，从而充分保证了产品的环保品质。"

❖ **点评：** 顾客的看法即便是主观臆断的，导购也要从适合的方面给予肯定，只有这样才能留住顾客。之后要让顾客切实地看到和体会到自己产品的优点，这样才能激发顾客的购买热情。

大讲堂22

你们新产品上架的速度实在太慢了

☒ 应避免的错误

1. "不好意思，今年确实比较慢。"

❖ 点评：这样回答虽然态度够诚恳，但是完全肯定了顾客的观点而没有做进一步的解释，对接下来的销售不利。

2. "可能是路上耽搁了吧，我也不太清楚。"

❖ 点评：这种说法只能说明导购不够专业，对公司的情况不了解，很难取得顾客的信任。

如果顾客长期关注了某个品牌，三番五次地光顾其门店，新产品却迟迟没有上架，顾客肯定会抱怨："新产品上市的速度实在太慢了！"出现这种情况，导购该怎么回答才能平息顾客的不满，并且推动销售进程呢？

美国营销专家赫克金有一句名言："要当一名好的推销员，首先要做一个好人。"他所说的"做一个好人"，是指做一个诚信的人。诚实守信是销售成功之本，也是赢得顾客最有效、最永久的方法。作为导购，我们是在为顾客服务，而不是在向他强行推销产品。不管我们多能说会道，如果不实事求是的话，照样会丢失原本属于我们的顾客。

就本情景而言，能提出这样异议的顾客明显长期关注过本品牌，强词夺理实在不是明智的选择，承认问题的所在，并巧妙地转移与顾客的交谈重心或为下次的购买做下良好的铺垫才是一名合格的导购应有的举动。

☑ 我们可以这样应对

顾客："你们新产品上架的速度实在太慢了。"

导购："真的很感谢您对我们品牌一直以来的关注和支持。我们这个品牌在推出新产品时一向谨慎，前期要做充分的市场调研，以使我们的新产品能在最大程度上满足新老顾客的需求，再加上产品运输也要花费些时间，所以我们新产品的上市确实慢了些，让您久等了，真是不好意思。昨天我跟总部刚刚沟通过，新产品已经在生产了，如果方便的话，请您留一下联系方式，产品一到我立刻通知您。其实，我觉得我们店里有几款产品也值得向您推荐，来，您这边请，看看有没有您喜欢的。"

❖ 点评：诚信是销售成功之本，也是赢得顾客最有效的方法。同时，顾客的关注点是可以转移的，导购要勇于做出自己的推介，这才是导购价值的真正体现。

大讲堂 23
你看你们这个……（这个不足之处确实存在）

☒ 应避免的错误

1. "这没办法，任何东西都不可能是十全十美的。"

❖ 点评：话是没错，但你这样回答等于强化了顾客对于产品不足之处的看法，从而对顾客的购买决策造成负面影响。

2. 与顾客争辩，不能让顾客觉得这些缺陷存在。

❖ 点评：既然这些不足之处确实存在，你还与顾客争辩，这样只会让顾客对你的诚信产生怀疑，而不会改变顾客原来的看法。

当顾客提出的异议有事实依据时，我们应该承认并欣然接受，强行否认事实是不明智的举动。明智的做法是，先肯定确实存在的缺点，然后进行淡化处理，利用产品的其他优点来补偿甚至抵消这些缺点。

这时就需要用到补偿法，也就是说如果顾客的反对意见正好切中了产品存在的缺陷，我们必须给顾客一些补偿，引导顾客从产品的优势方面来考虑问题，使顾客取得心理上的平衡，让他产生这样一种感觉：产品的优点对他来说是重要的，产品不具备的优点对其而言是相对较不重要的，产品的售价和价值是一致的。

☑ 我们可以这样应对

导购："张先生，您真是内行，一眼就看出它是去年的款。不过，正因为如此，所以我们正在做促销，这么好的质量，才卖这个价格，真的是太划算了。"

❖ 点评：顾客质疑的问题确实存在，掩饰只会起副作用。但是，承认问题的存在也是讲技巧的。导购在认同顾客观点的同时，一定要强调产品的卖点，只有这样，才能让顾客心里觉得平衡。

大讲堂 24
我觉得你们……（这个意见或看法是错误的）

☒ 应避免的错误

1. 直接反驳顾客。

❖ 点评：除非是对产品销售或顾客购买决策有重大影响的"不实之言"，否则不要随便直接反驳顾客，那样会让顾客感觉没面子，甚至会激怒顾客。

2. 对顾客的错误意见或看法不予理睬。

❖ 点评：即使顾客所提出的意见或看法是不对的，导购也不能不予理睬，否则就等于是默认了顾客的错误意见或看法。

当顾客提出的意见或看法是错误的时候，我们应该根据不同的情况，运用不同的方法进行处理。

1. 间接否认法

所谓间接否认法，是指在顾客提出异议后，导购先给予肯定，然后再说出自己的观点或意见，以避免和顾客发生正面冲突。

人有一个通性，就是不管有理没理，当自己的意见被别人直接反驳时，内心总是不痛快的，甚至会被激怒，尤其是被一位素昧平生的导购正面反驳的时候。屡次正面反驳顾客，就算你说得都对，也没有恶意，还是会引起顾客的反感。此时，运用间接否认法可以缓和顾客的对立情绪。

间接否认法通常采用"是的……如果……"的句式。其实，"是的……如果……"是源自"是的……但是……"，只是"但是"这个字眼在转折时过于强烈，很容易让顾客感觉到你说的"是的"并没有包含多大诚意，因为你强调的是"但是"后面的话，因此，在表达不同意见时，应尽量利用"是的……如果"的句式，用"是的"表示肯定顾客的意见，用"如果"表达是否另一种状况比较好（即说出你自己的观点）。

请比较下面的两种说法，感觉上是否有天壤之别。

A："您根本没理解我的意思，因为状况是这样的……"

B："平心而论，在一般的状况下，您说得都非常正确，如果状况变成这样，您看我们是不是应该……"

A："您的想法不正确，因为……"

B："您有这样的想法一点儿也没错，当我第一次听到时，我的想法和您完全一样，可是如果我们做进一步的了解后……"

学会用 B 的方式表达不同的意见，你将受益无穷。

2. 直接反驳法

所谓直接反驳法，是指当顾客提出异议时，导购就直截了当地予以否定和纠正。如果运用得好，直接反驳可以增强顾客的购买信心，给顾客一个简单明了、不容置疑的解答。

按照常理，我们直接反驳顾客的异议是不明智的，因为直接反驳顾客容易引起争辩，甚至会激怒顾客而导致销售失败。

因此，直接反驳法仅用于顾客提出的反对意见明显不正确的情况下，比如顾客对我们的服务、诚信有所怀疑或顾客引用的资料不正确等情况。出现上面两种状况时，我们必须直接给予反驳，而不能坐视不理。因为如果顾客对我们的服务、诚信有所怀疑，我们拿到订单的机会几乎可以说是零。这个道理很简单，如果一家企业的诚信被怀疑，你会去向这家企业购买产品吗？如果顾客引用的资料不正确，而我们能拿出正确的资料，那么顾客一般会接受我们的反驳，并且可能会对我们更信任。

无论如何，直接反驳顾客异议毕竟是与顾客正面交锋。为了避免激化矛盾，产生不良影响，我们必须注意以下几点。

（1）不可滥用。直接反驳法只适用于处理因为顾客误解、有成见、信息不足而引起的有效异议，不适用于处理无关与无效异议，也不适用于处理因情绪或性格问题引起的异议。对固执己见、气量狭小的顾客最好也不要使用这种方法，否则容易引起这类型顾客的反感及抵触心理，认为我们不尊重他，从而发生争执。

（2）态度友好。为了避免触怒顾客或引起顾客的不快，导购在反驳顾客时，应始终保持友好诚恳的态度，面带微笑，注意语言技巧和选词用语。即使顾客提出的异议多么不可理喻，我们也只能对事不对人，要注意反驳的是顾客的看法而不是顾客的人格，以免冒犯顾客甚至是伤害顾客自尊。

（3）有理有据。我们用以反驳顾客异议的理由必须是合理的、科学的，而且是有据可查、有章可循的。在反驳顾客异议的过程中，我们应首先明确异议的性质与根源，然后由浅到深地摆出事实、证据和理由，依靠事实与逻辑的力量说服顾客。

☑ 我们可以这样应对

顾客："你们的这些产品好多都是贴牌或者随便挂个国际品牌的名头来唬人的。"

导购："张小姐，我非常了解您的这种想法，现在有些品牌的这种做法确实很容易让人产生这种不信任感。但是我们的确是中法合资的品牌，不管是在设计方面还是在品牌管理理念方面，都是按照国际标准在执行。您看，这是法方公司的介绍，这是我们公司的认证书。"

❖ 点评：如果不能正确消除顾客对品牌本身的质疑，容易使顾客产生不信任感，从而影响他们对产品质量、服务等方面的认可。对于这样的质疑，导购必须正面予以回应，利用肯定的回答帮助顾客建立起对品牌的信任和信心。但是运用直接反驳方法时一定要注意拿捏好分寸，言辞不可太过激烈。

大讲堂 25

你们的质量也太差了吧，这儿都有划痕了

☒ 应避免的错误

1."这是小问题，完全不影响使用。"

❖ 点评：谁愿意买个有瑕疵的产品回家？顾客听了这样的解释一定会不舒服的。

2."现在东西都这样，处理一下就看不出来了。"

❖ 点评：再怎么处理，有问题就是有问题。这样的态度会让顾客觉得你会掩饰所有的问题，从而丧失对你的信任。

3. "这种小问题是难免的。"

❖ 点评：这样回答向顾客传递的信息是导购对品质漠不关心，忽视细节的重要性。顾客会因为你的这句话而对你的品牌的印象大打折扣。

有问题并不可怕，可怕的是没有勇气去承认，甚至试图掩饰。产品上的小瑕疵不同于其他问题，它是实实在在摆在顾客眼前的，试图掩盖实在是不明智的做法，往往会欲盖弥彰，更容易失信于顾客。我们在这个时候就要勇于承认错误，做出合理的解释，寻求顾客的谅解，并感谢顾客的提醒，将提意见者转变为提建议者，使问题简单化，同时也要迅速把顾客的关注点转移到没有问题的产品上去。

☑ 我们可以这样应对 1

导购："不好意思，这是我工作上的疏忽，没有及时发现陈列样品的这个细节，谢谢您的提醒。这款产品卖得非常好，看样品的人也就多，大家你动一下我动一下的，难免会就有这样的小剐蹭。这几天我们的新产品就要上市了，正考虑要将这些样品下架处理呢。您放心，我们一直以来都非常重视产品的质量，所售产品都经过厂家、门店和市场的三重检查，质量绝对是有保障的。您看我们这套产品……（让顾客体验其他的产品，介绍其特点、优点）"

❖ 点评：敢于承认错误也是一种美德，只有让顾客看到你勇于担当，才不会因小（问题）失大（顾客的信任）。

☑ 我们可以这样应对 2

导购："阿姨您可真是个细心的人。是这样的，我们这套淋浴房卖得非常好，顾客来了都会拉拉门、敲敲玻璃什么的，体验的人多了难免会给样品造成一些小磨损。不过这都是外观上的，对性能一点影响都没有，而作为样品，它的价格只是正常商品的一半。如果不介意这一点小问题的话，真的是很划算。尽管是样品处理，我们的售后也同样有保障，跟正常商品是完全一样的。"

❖ 点评：小的瑕疵可能会导致顾客的质疑，但从另一个角度看，它也可以变成说服顾客购买的一个重要因素：小问题不影响使用和售后，而且价格上的优势是实实在在的。

大讲堂 26

真的吗……（顾客总是不愿相信我们的话）

☒ 应避免的错误

1. 爱信不信，反正我说的都是真的。

❖ 点评：如果顾客不相信，即使你说得再真也没用。

2. "我以人格担保，我说的绝对是真的。"

❖ 点评：就凭一句担保，就能让顾客相信吗？

3. "您怎么那么不相信人呢？"

❖ 点评：顾客凭什么要相信你？这种质问的口气很容易招致顾客反感。

导购即使说得天花乱坠，即使拍着胸脯担保，顾客心里也还是会有所疑虑。这也难怪，卖东西的谁会说自己的东西不好呢？顾客一定会担心导购是在自卖自夸。

要让顾客真正信任你，导购最好能够提供一些有力的证据，用事实来证明你所说的的确是"百分之百真实"的。

1. 引用例证

实证比巧言更具说服力，用事实证实一个道理比用道理去论述一件事情更能取信于人。当顾客对你的观点或说法有所怀疑时，与其拍胸脯、拿人格去做担保，还不如举一个相关的例子去证明，这样更容易说服顾客。比如：

"上个月××集团的老总××先生就刚在我们这里定了一套。"

"年前有个顾客买了一套，前两天他又带着他堂弟来定了套象牙白的。"

当人们觉得某个人有威望时，就会相信他所做的决定、所买的产品。因此，如果你所引用的例证是那些影响力较大的人物或事件，顾客对你的信任度就会更高。各大品牌花重金为自己的产品找名人代言，就是看中了"名人效应"能给企业带来种种好处。

必须注意，导购所引用的名人例证必须是真人真事，而不能信口开河、胡乱编造。否则，一旦被顾客发现真相，就会让顾客觉得你是在欺骗他，从此再也不信任你了。

2. 出示证明材料

光口头上说好顾客肯定不会买单，"是骡子是马拉出来遛遛"，只有当一切都证明你说的是真实的、可信的，顾客才会把钱掏出来。

所有可以用来证明你所宣扬的产品特性、作用、利益等方面真实性的东西，都可以成为你的证明材料。比如，专业部门和认证部门颁发的认证书、质检书，书报杂志等出版物上与企业或产品有关的正面报道等。

这些证明材料可谓是导购的"销售小帮手"。为了使其真正发挥作用，所有材料必须满足客观性、权威性、可靠性、可证实性、可第三方获得性等一流证据的必要条件。否则，不但不能真正发挥销售帮手的作用，反而还会帮倒忙。

为了更好地利用这些"销售小帮手"，导购在平时就要多收集一些对销售有利的证明材料，并根据自己的情况来设计和制作销售工具。一个准备好了销售工具的导购，一定能针对顾客提出的各种问题给出满意的回答，顾客也会因此而信任你并放心购买。

☑ 我们可以这样应对 1

顾客："你们的质量可靠吗？"

导购："小姐，请您放心，我们的产品经过了××协会的严格认证。您看，这就是我们的质量认证书。"

❖ 点评：通过出示证明材料——质量认证书，可以消除顾客"质量是否可靠"的顾虑。

☑ 我们可以这样应对 2

顾客："你们卖东西的，哪个不是'王婆卖瓜，自卖自夸'？"

导购："小姐，我完全能够理解您的心情。不过这一点您可以放心，您看，我们在那边专门设置了一面展示墙，上边贴的都是买过我们产品的顾客拍的实际效果图，您可以了解一下。来，这边请。"

❖ 点评：通过展示众多产品购买者的实际案例，来证明导购所言非虚。

☑ 我们可以这样应对 3

导购："您担心的这些情况在家居建材行业确实存在，所以您的这些顾虑我完全可以理解。不过，我对我们的产品很有信心，我们店从开业到现在已经快 6 年了，能坚持到今天靠的就是质量和服务。顾客买到不好的东西，一定会找上门的，而我们是想长期从事这个行业的，又何必给自己找这些麻烦？我们是绝对不会拿自己的商业信誉去冒险的，而且……（介绍产品优势）"

❖ 点评：顾客对产品、导购的信任是其做出购买行为的前提，当顾客表示出任何不信任时，导购首先要做的就是恢复顾客对自己的信任。

第三章

当顾客有这样的表现时

大讲堂 27

当产品存在某些缺陷不知该不该说时

☒ 应避免的错误

1.光说优点，不谈缺点。

❖ 点评：对于一些明显存在的缺陷，即便导购什么都不说，顾客也会很快发现，到时顾客就会对导购产生怀疑，从而影响销售的进程。

2.实话实说，让顾客自己判断。

❖ 点评：实话实说是诚实，可是话要巧说，否则只会降低顾客对产品的兴趣，毕竟谁也不想买一件有问题的产品。

世界上没有不透风的墙，真相是藏不住的，问题迟早都会暴露在顾客面前，或早或晚而已。如果问题在成交之前暴露，顾客就会对导购产生怀疑，从而使得整个销售过程中断；如果问题在成交之后暴露，必然会招致顾客的投诉，更是给自己制造了数不尽的麻烦，而且会对整个品牌造成不良影响。

所以，如果产品本身真的存在问题，与其等着顾客自己发现，不如主动说出来。

但是，说实话也是需要技巧的。掌握一定的技巧，不仅可以使顾客对你、对产品、对品牌更加信赖，而且还可以有效地说服顾客。为此，在主动提及不足之处时，必须采用正确的方式，要注意学会"避重就轻"。

这里所说的"避重就轻"，并不是要你去刻意隐瞒产品的缺陷或过分夸大其优点，而是要学会采用负正法来抵消顾客的不满态度。所谓负正法，就是先说出产品的缺点，然后再针对这个缺点进行说明，证明这个缺点并非不可弥补的。

心理学家认为，在听话的过程中，人们更容易注意"但是"后面的内容。如果先说缺点再说优点，那么缺点会被缩小，反之则会被放大。因此，在介绍产品时，我们需要记住这个公式：先说缺点再说优点等于优点，先说优点再说缺点等于缺点。

☑ 我们可以这样应对

导购："虽然这套卫浴的款式不是最新的，但是它的价格却只有新款的七成，而且质量也跟新款的一样有保证。"

❖ **点评**："但是"后边的内容才是顾客倾听的重点，明白了这一点，导购就一定要在"但是"后边多下功夫、多做文章。

大讲堂 28
当顾客总是态度不好时

☒ 应避免的错误

1. 与顾客针锋相对，绝不退让。

❖ **点评**：这样势必会引发争吵，从而使顾客对导购产生不满，对成交毫无帮助。

2. 放弃，不再接待这个顾客。

❖ **点评**：轻易放弃一个顾客，等于轻易放弃一个销售机会。如此又怎么能提升自己的销售业绩呢？

　　导购在与顾客交往的过程中，经常会出现磕磕碰碰的情况。有时确实是顾客横挑鼻子竖挑眼，但是如果这时候导购也针锋相对，势必会影响到销售活动的顺利进行。聪明的导购往往善于给顾客一个台阶，让对方恢复心理平衡，这样才能平息双方的矛盾，有利于最后的成交。

☑ 我们可以这样应对

　　顾客： "一个马桶要上万元？这价格也太离谱了吧？"

　　导购： "李先生，这款产品的价格确实是有点贵，不过请您相信，贵有贵的理由。您看……而且……您看它的设计，时尚感非常强，把它摆进您的洗手间，一定能显出不一样的品位来。"

　　❖ **点评：** 顾客说马桶贵，导购就直接反驳说不贵的话，一定会使问题激化，对销售的顺利进行完全无益。不管顾客的说法是否对，也不管顾客的言辞多么犀利、激烈，导购一定要保持一颗平常心。顾客对价格有异议，导购就可以强调产品的价值。价格跟价值不可能完全对等，这是人人都明白的道理，只要顾客觉得物有所值或者物超所值，不管价格怎样，该买的东西他还是会买的。

大讲堂 29

当顾客对我们的推介好像没什么兴趣时

☒ 应避免的错误

1. 算了，顾客没兴趣就不说了。

❖ 点评：导购不了解顾客为什么没有兴趣听你推介，就轻易选择放弃，实在不理智。

2. 按自己设定的流程继续推介下去。

❖ 点评：这样的推介不但不会吸引顾客的兴趣，反而会让顾客感觉很乏味。

为什么顾客会对我们的推介没有兴趣？主要原因就在于我们的推介没有引发顾客的共鸣，没有抓住顾客的关注点进行推介。

推销的一个基本原则是，与其对一个产品的全部特点进行冗长的陈述，不如把介绍的重点集中到顾客最关心的问题上。任何一款产品都有诸多卖点，我们在向顾客推介时不能追求面面俱到，而应抓住顾客最感兴趣、最关心的地方作重点介绍。

1. 把握顾客的需求

汤姆·霍普金斯说过："只卖客户想要的房子，而不卖自己想卖的房子。"在向顾客展示产品利益之前，我们还必须了解顾客的需求，明确哪些利益对顾客有用，这样才能有的放矢地进行推介。事实上，产品好与不好并不重要，是否能满足顾客的需求才是最重要的。

2. 学会换位思考

人们总是习惯从自己的角度思考问题，而很少站在别人的角度考虑问题。其实，在导购活动中，换位思考非常有必要也非常有价值。站在对方的角度上去考虑问题，有助于我们更好地理解自己与顾客之间的主要矛盾。如果我们能够在销售中多为顾客着想一些，能够在自己的能力范围之内多做一些对顾客有利的事，顾客就会感受到我们的真诚与爱心，就会更容易接受我们。

很多大人都有这样的烦恼：三四岁的孩子都不喜欢呆在商场，但有时候购物又不得不把孩子带进商场，这时父母既要挑选商品又要哄孩子，经常是左右为难。为什么琳琅满目的商品、丰富的食品吸引不了孩子呢？对此大人们都不能理解。但有位儿童心理学家却轻而易举地回答了这个问题：如果大人们蹲下来，当处在与孩子同样的高度环顾商场四周时，其实看到的只是大人们的腿。

大人们需要站在孩子的角度才能知道孩子在想什么。同样，我们只有站在顾客的角度才能知道顾客需要什么样的产品。如果顾客不接受我们的建议，不购买我们推介的产品，那么，我们首先要做的就是站在顾客的立场，想想他们为什么不愿意购买。只有设身处地地为顾客着想，才能让顾客感受到我们的真诚。

3. 抓住顾客的关注点

很多导购总是习惯以自己的方式进行思考，一味地向顾客推荐自己认为的好处和利益，这样很难吸引顾客。聪明的导购会把焦点放在顾客的关注点上，摸清顾客的需求，明确哪些利益对顾客有吸引力，再着重对其进行推介。

不同的顾客有不同的需求，其关注点也并不相同。只有事先知道顾客的需求，并具体分析顾客的喜好、习惯，才能更好地满足顾客的需求，并使顾客真正满意。如果我们所推介的内容与顾客的关注点不一致，即使我们把这款产品说得再好也不会引起顾客的购买兴趣。因此，我们必须了解"什么利益对这个顾客具有最大的吸引力"或"什么利益是这个顾客最为需要的"，只有了解了这些，并满足他迫切需要的利益，销售活动才可能取得成功。

那么，如何才能抓住顾客的关注点呢？这个就要靠我们的观察能力了。在寒暄和推介的过程中，我们应时刻注意顾客的反应，并揣测顾客的关注点。比如，在与顾客寒暄时，顾客的话题一直离不开钱，这时我们就可以初步判断"价格"对他的购买决策有着很大的影响，在介绍时就应向他着重说明价格的优惠性；如果顾客全身名牌、衣着光鲜，那么他可能更关注品牌知名度。

☑ 我们可以这样应对 1

（顾客进店后，一言不发，只是自顾自地看，对导购的热情招呼完全置之不理。）

导购："先生，您请随便看看，需要的时候请叫我，我会尽心为您服务的。"

（之后发现顾客对某款家具感兴趣时，再上前招呼。）

❖ 点评：每位顾客都有自己的购物习惯，如果他不喜欢导购全程陪同的话，导购就应该与顾客保持距离，通过观察顾客反应来寻找适当的销售时机，一味地啰唆只会让顾客心生厌烦。

☑ 我们可以这样应对 2

（导购笑脸相迎，顾客却冷冷地说："我随便看看。"）

导购："装修房子可是件大事，现在市面上的产品不光款式多，就连材料也是五花八门，真的要多比较才行。您先随便看看，这边的适合客厅、卧室，这边的适合阳台、厨房、卫生间，这一排适合贴厨房、洗手间还有阳台墙壁。您是打算用在哪个位置？我可以重点帮您做下介绍。"

❖ 点评：顾客的一句"随便看看"其实就是拒绝推销的意思，但是导购要知道，所有销售都是从被拒绝开始的，对顾客的任何态度都要保持一颗平常心，只有这样才有机会探知顾客的需求或者关注点。

大讲堂 30

当顾客总是询问一些专业问题时

☒ 应避免的错误

1. 知道的就好好回答，不知道的就老老实实告诉顾客说不知道。

❖ 点评：诚实是导购应具备的美德，不过这样很容易会让顾客觉得你不够专业，从而失去对你的信任。

2. 反正顾客也不懂，随便忽悠得了。

❖ 点评：一来，你不一定能忽悠得过去；二来，即使顾客当时被你骗了，日后一旦获知真相，可能就会投诉你，并对你的人品产生怀疑。

要向顾客介绍产品，并使顾客产生充分的信任感，我们就必须刻意地、主动地从更广泛的角度来充实我们的产品知识。我们对自己所销售的产品越了解，就越能在顾客面前表现得更自信。

面对顾客提出的专业问题，成功的导购能对答如流，在最短的时间内给顾客留下良好的印象。那么如何才能使自己成为专业的导购呢？

1. 要了解什么

具体地说，导购起码要对以下几个方面进行认真的了解。

（1）了解自己的品牌。

不要单单知道品牌名称就可以了，还要了解品牌的由来、品牌故事、厂家的名称、厂家所在地以及该品牌的一些声誉（比如获得什么称号等）。

（2）了解产品的设计理念。

每款产品均有自己的设计理念，而这些设计理念往往会成为独特的卖点。

（3）了解产品的使用及保养方法。

即使有说明书，顾客也希望导购能够直接、清楚地告诉他们在产品的日常使用及保养中要注意些什么。因此，我们必须清楚地知道各类材质的家居产品该如何洗涤、保养等。

（4）了解产品的搭配原理。

顾客需要的可能不止一张床铺，他很可能也需要一套衣柜来搭配。只有了解了产品搭配的一般原理，才能挖掘顾客深层次的需求，实现连带销售。

（5）了解顾客购买心理。

由于消费者个性化、差别化的消费需求，我们应该站在顾客的立场上去体会他们的需求和想法。只有充分了解不同消费者的购买心理，才能更好地向其提供专业建议。

2. 如何了解

要清楚地了解商品知识，并不是一件容易的事情，不是凭经验或简单看看说明书就可以的。总体来说，我们可以从以下方面获取商品信息及相关知识。

（1）参加公司的培训。

应该说，这是最重要、最有效也是针对性最强的获取商品信息的方式，通过专项培训，我们可以充分了解到相关的产品知识。

（2）通过厂商业务员了解。

每个厂商的业务员都希望你能够多销售出去一些他们的产品，所以，他们肯定会非常乐意帮助你。而且，厂家的业务员对自己的产品都了如指掌，对竞争产品的了解通常也会比你知道的多。

当然，有一点必须注意的是，他们的意见不一定非常中肯，尤其是对竞争产品的意见，这需要我们自己去分析。

（3）通过产品的使用手册了解。

大部分产品都会配有使用说明书之类的材料（比如沙发、床垫、茶几等产品的标签上通常会标示材料、保养方法等），这是我们学习产品知识的一个非常便利的工具。

（4）从各种媒体获得相关知识。

各种媒体，如书籍、报刊、网络等，也是我们获取知识的好途径。作为导购，我们应该经常关注媒体上的这些相关信息，比如消费调查、产品研究、新产品资讯等，这一方面可以帮助我们增加商品知识，另一方面还可以帮助我们有效地说服顾客。

总体来说，报刊、网络中的多是新颖的、流行的信息，比如一些最新的行业动态等，而书籍知识则较为系统和专业，我们可以根据需要来选择。

（5）向同事请教。

不要总是认为自己比别人聪明，虚心地请教同事可以帮助你快速成长。那些资历比我们深、经验比我们丰富的同事，他们对产品、对销售理念有着更为深刻的认识。

需要注意的是，在向同事请教时一定要把握好时机，千万不要妨碍他们的工作。有些时候，我们还可以通过观察同事的工作进行学习，比如听听他们是如何向顾客介绍产品的。

（6）向顾客学习。

有些导购会认为，我是专业销售产品的，肯定比顾客了解得更多。可是，我们不可能每一方面都比顾客知道得更多，在某些方面，顾客绝对可以成为我们的老师。而且，为了买到最适合自己的产品，有些顾客往往会"货比三家"，在这个过程中，他们对产品尤其是竞争产品都有了一定的认识，而这些知识，尤其是竞争产品的相关情况可能正是我们欠缺的。

认真收集他们对产品尤其是竞争产品的意见，可以使我们对产品和竞争商品的优缺点有更为深入的了解和认识，这样，在日后我们就可以利用这些事实说服其他顾客购买你的产品。

☑ 我们可以这样应对

顾客："实木门的种类这么多，听得都晕乎乎的。"

导购："没关系，有什么不明白的，您尽管问我。现在市场上实木门的种类确实很多，顾客要想全部都懂确实比较难。"

顾客："那您说说，哪种实木门比较好？"

导购："应该说，每种实木门都有它的优点和缺点，没有绝对的好与不好。我们选购实木门，第一是看材料。原材料、辅料直接决定了木门的品质。目前，高档木门品牌大多是实木复合材料。它们既保持了天然实木的诸多优点，又避免了实木容易变形开裂的缺陷。还有，木门是否环保，用胶也很关键，所以在选购木门时要问清楚胶的品牌和指标。第二是看制作工艺。目前市场上高档木门的加工周期一般是 20 至 30 天。相对板式家具而言，门的制作工艺比较复杂，需要经过木材烘干、粗加工、抛光、封边等 30 多道工序，才可以保证门扇的平整和如镜面般丝滑的油漆质感。对于一个家庭来说，门开启的次数和频率通常都是很高的，所以不光要考虑造型、环保，还要看品质和耐用性。最后，还要看品牌和售后。现在，门的种类繁多，生产厂家也在不断增加，选购时要注重厂家信誉和售后服务态度。"

顾客："看来你还是挺专业的。这款门多少钱？"

❖ **点评：**导购的专业性往往会影响到顾客对你的信任度。就如同找医生看病一样，医生越是医术高明，患者的疑虑就越少，也就越配合。

大讲堂 31

当顾客总拿其他品牌、其他门店来对比时

☒ 应避免的错误

1. 没关系，给顾客全面分析比较各个品牌的优劣势。

❖ 点评：分析比较是有必要的，不过要注意如何在比较中突出自身的优势、淡化自身的劣势。

2. 大肆攻击其他品牌、其他门店。

❖ 点评：对竞争对手的肆意攻击只会招致顾客反感，即使顾客原本对产品有兴趣，也会因为你的这种行为而对你失去信任。

在购物过程中，顾客往往会"货比三家"，对比的情况是不可避免的，所以回避不是最好的办法。况且，利用对比，你可以将自己的优势更好地体现出来，从而更好地打动顾客。

1. 不要攻击竞争对手

有些顾客习惯拿其他品牌、其他门店来对比我们的产品，在这种情况下，我们不能以贬低竞争对手的方式来抬高自己。为了达到销售的目的而随意攻击竞争对手是一种不正当的销售行为，这样做会直接影响到我们的专业形象，甚至引起顾客的反感。

因此，当顾客拿竞争对手与我们作对比时，采用比较介绍的方式效果反而会更好些（当然前提是要对竞争对手有充分的了解认识）。评价竞争对手时我们应保持客观公正的态度，既不隐藏其优势也不夸大其缺点，让顾客从我们的评价中既可以了解相关的信息，也可以感受到我们的素质和

修养。如果顾客要求的我们实在没有，我们可以以朋友的身份提出参考建议，并介绍顾客到其他门店去看看。

2. 夸赞你的竞争对手

有时候，夸赞我们的竞争对手也是赢得顾客信任的一个好办法。诚心诚意地夸赞顾客所认同的竞争对手，事实上也是肯定了顾客的眼光，顾客也会欣赏我们的坦诚，并为我们良好的职业道德所感动，从而更加信任我们。

3. 强调优势，淡化劣势

不怕不识货，就怕货比货。拿自己的产品与竞争对手作比较，可以让顾客感觉到产品实实在在的品质，从而更容易接受我们的推介。

世上没有十全十美的产品。即使再好的产品，也会存在着诸多缺陷与不足。当顾客拿竞争对手的产品来做比较时，我们可以通过对比来突出自己的优势，让顾客对我们的产品有更加深刻的认识。

☑ 我们可以这样应对 1

顾客："××（品牌）的款式比你们多多了。"

导购："这个情况我们确实也有所了解，××的产品线跨度比较大，既有……又有……而我们这个品牌的定位比较有针对性，主要面向的是……其实，每个品牌都有其自身的特色，关键是看跟您家的装修风格是不是相符。刚才听您说您家采用的是田园风格，对吗？我觉得我们今年推出的这款小碎花的布艺沙发应该很适合，您请过来试坐一下。"

❖ 点评：站在顾客面前的是你，而不是你的竞争对手，所以，你要做的就是引导顾客忘记掉你的竞争对手，只关注你和你的产品。

☑ 我们可以这样应对 2

顾客："人家 ××（品牌）的橱柜质量跟你们的差不多，但是价格却比你们便宜多了。"

导购："这位先生，正如您所说，我们的价格确实比 ×× 的要高一些，这主要是因为我们的产品……（介绍产品的特点、优势）选择我们产品的顾客，大多就是冲着这些优点来的。像橱柜这样一旦装上去一般都不会再动的大件儿，价格当然是一方面，顾客更看重的还是品牌，毕竟大品牌的质量和服务都会更有保障。而我们这个品牌创立至今，能不断发展壮大靠的就是质量和服务。"

❖ **点评：**当顾客有顾虑时，导购应该先对他的说法予以认同，这样能让顾客在获得认同感的同时放松警惕，从而更容易接受你的意见和看法。

☑ 我们可以这样应对 3

顾客："我亲戚家买的是 ×× 品牌的，听说还是个法国品牌，真的是很漂亮，你们的跟他们的不是一个档次。"

导购："这位女士，×× 的确是一个很知名的法国家具品牌，它的一些设计、营销理念也一直是我们学习的对象。不过，单就商品的质量跟款式而言，国产品牌与国外品牌的区别其实不是很大。就像很多国际品牌的运动鞋，其实都是中国工厂代工的。同一家工厂甚至同一条生产线上生产出来的运动鞋，贴的牌子不同，价格也是天壤之别。我们的品牌……（介绍产品的特点、优势）"

❖ **点评：**既夸赞了竞争对手，也成功地对自己的产品进行了介绍。夸赞竞争对手是为了赢得顾客的好感，赢得顾客好感是赢得生意的前提。

大讲堂 32

当顾客说话模棱两可时

☒ 应避免的错误

1. 算了，不明白就不明白，不理会他这个话题了。

❖ 点评：这样做会忽视顾客的一些谈话，如果这些内容是很重要的，那顾客就会觉得你根本心不在焉，对他不尊重。

2. 直截了当地问清楚顾客说的到底是什么意思。

❖ 点评：问清楚是必要的，但如果不注意方式方法，很可能会引发顾客的不满，觉得你根本没认真听他说什么。

每个人的成长和生活经历不一样，对一件事情的看法、观点也常常不一样。现实生活中，我们总是喜欢用自己的假设去代替顾客的假设，用我们自己的意图去解读顾客的意图，最后造成了很多沟通中的误会。

顾客："这款沙发卖得怎么样？"

导购："您放心，这款沙发可是我们这个季度卖得最好的一款沙发。"

顾客："对不起，我这个人就怕跟别人买了一样款式的东西。你想想啊，朋友去我家玩，一来就说'哎呀，你家的沙发跟我家的一模一样啊'，我该多尴尬？"

在倾听顾客说话的时候，我们还有一项必须要做的工作，那就是消除顾客语言中的歧义，以便更准确地了解顾客的需求，从而达到更有效的沟通效果。要消除歧义，避免误会顾客的意思，关键在于发问。

通过询问，我们可以进一步了解顾客，获得更多的顾客信息，为进一步推销奠定基础。事实上，当我们问顾客"为什么"的时候，顾客必然会做出以下反应。

（1）他会回答自己这样说的理由，并说出自己内心的想法。

（2）他会再次检视自己的想法是否妥当。

此时，我们能听到顾客真实的想法，并准确地把握住顾客所关注的焦点，从而也就能有较多的时间去思考如何更好地向顾客推介产品。

☑ 我们可以这样应对

顾客："你们也太没有诚信了。"

导购："对不起，林先生，我能不能问一下，您具体指的是什么呢？"

顾客："你上次说要向公司申请一下看能不能给我多点儿优惠，说三天内给我答复，可现在都过去一星期了，也没见你联系我。"

导购："林先生，我非常理解您现在的心情。这是您上次给我留下的电话，您看看号码有没有错？我打过好几次，都说是空号。"

❖ 点评：当顾客的表达不是很清楚时，导购会感到很茫然，不知道顾客所指的是什么，所需要的又是什么。这时，就需要导购有针对性地提出问题来消除沟通中的障碍，只有这样才能更好地满足顾客的需求。

大讲堂 33

当顾客心不在焉而又不知如何吸引其注意力时

☒ 应避免的错误

1.估计顾客对产品不感兴趣，那就算了。

❖ 点评：顾客心不在焉，不一定是对产品没有兴趣，可能只是你没激发出他的兴趣而已。

2. "先生，您到底有没有在听我说呢？"

❖ 点评：毫无疑问，这么质问顾客，肯定会让顾客感觉不舒服。

3. 那就不介绍了，跟他多说说笑话。

❖ 点评：说笑话也要看对象、看场合、看时机。如果把握不好，顾客会认为你根本没有好好为他提供服务。他可不是来听笑话的，而是来买产品的。

顾客之所以心不在焉，在排除了顾客自身的因素（比如时间紧、被别的事情分神等）之后，很有可能是导购的推介太无趣，以至于无法吸引顾客的注意力。遇到这种情况，我们就要及时调整自己的推介方式，以吸引顾客的注意力。

1. 促使顾客联想

一位销售专家就把想象力称为"延伸的利益"，利用人们的想象力来销售，可以使人们无法抗拒那种想象的诱惑，痛痛快快地把钱掏出来。

促使顾客想象，就是要让他觉得眼前的这个产品可以给他带来许多远远超出产品本身价值之外的东西，一旦拥有甚至会给他带来一种新的生活。我们可以编一部顾客是主角的"情景剧"，用绘声绘色的语言，把这些景象一一描述给顾客。运用"情景销售"法时，可以运用这些句子作为开头语：

➢ 您有没有感觉到……

➢ 您可以想象一下……

➢ 假如……

要想用好"情景销售"法，我们需要具备极为优秀的语言表达能力与联想能力。再伟大的导演也需要好的剧本，我们完全可以事先拟好这方面的"演说稿"，为随时的现场演说做好准备。

2. 让顾客亲身感受

在现实生活中，美容院或健身房经常会发放一些美容卡或健身卡，邀请顾客前去免费体验，这是为什么呢？

其实这就是营销学中所谓的"体验式营销"，先让顾客亲自体验到美容或健身的好处，进而刺激顾客的消费欲望。同样，我们也可以让顾客参与到家居产品的体验中来，让顾客亲自感受产品的品质与效果。

☑ 我们可以这样应对 1

导购："王先生，单凭我一张嘴说，您可能会觉得没有多少说服力，觉得我是在'王婆卖瓜，自卖自夸'了吧？我这边刚好有一段视频，是我一个顾客在自己的新家里拍了发过来的，就是上周的事儿，您可以感受一下产品的实际效果。他跟您一样也是位事业有成的青年才俊，我想你们的有些想法可能会比较接近。您这边请。"

❖ **点评：**通过分享其他顾客的购买体验，顾客的兴趣也会在不知不觉中被调动起来。

☑ 我们可以这样应对 2

导购："王小姐，一看您就是位追求生活品质的人。刚才您说了，您的客厅不大，刚好这组壁纸可以有视觉上的扩大感，如果您的朋友来家里做客，一定会惊讶于这种魔术般的效果的。"

❖ **点评：**想象可以突破时间和空间的束缚，给顾客插上想象的翅膀，你的推介就更容易被顾客所接受。

大讲堂 34

当讲解了半天顾客还不知道产品好在哪时

☒ 应避免的错误

1. "不会吧，我说了那么多，你竟然一句也没听进去？"

❖ 点评：一下子就把责任归结于顾客，顾客不生气才怪。首先要从自己身上找原因，而不是从顾客身上找原因。

2. 再向顾客做一次讲解。

❖ 点评：顾客是因为刚刚没注意听才不知道这产品有什么好吗？如果不是，那么即使你向顾客讲解十遍，顾客也还是不明白。

很多导购在向顾客推介产品时，总是流水账式地罗列出材料、做工、款式等。这样的介绍只会让顾客觉得更加茫然，不知道该如何选择。

其实我们完全可以采用"FAB 介绍法"，这是一种比较流行并且非常简单实用的产品介绍方法。

1. 什么是 FAB

FAB 其实是三个英文单词开头字母的组合，F 是指特性（Feature），即产品的固有属性；A 是指优点（Advantage），即由产品特性所带来的产品优势；B 是指好处（Benefit），即顾客使用产品时所得到的好处，这些好处源自产品的特性和优点。

FAB 介绍法可以将所销售产品的属性转化为即将带给顾客的某种利益，充分展示产品最能满足和吸引顾客的那一面。熟悉这种产品介绍法，会使你的产品推介变得更有说服力。

> **FAB（产品介绍三段论法）**
> 第一段：陈述产品特性。
> 第二段：解释说明优点。
> 第三段：强调顾客利益。

第一段：陈述产品特性。

产品的特性其实就是产品的事实状况，比如所销售家具的款式设计、功能特征，以及材料、颜色、规格等用眼睛可以观察到的外在状况。

产品本身所拥有的事实状况或特征，不管你如何说明，都很难激起顾客的购买欲望。比如，当你向顾客介绍家具的环保特性时，只是简单地对顾客说："我们的家具采用的是目前市场上最好的 E1 级板材，制作过程中使用的胶水都是符合环保标准的胶粘剂。"像这样的介绍是很难让顾客产生兴趣的，因此，你应将介绍延伸至下一阶段。

第二段：解释说明优点。

产品的优点是指产品的特性所表现出来的直接功能效果，也就是从产品特性衍生出来的优势所在。

比如，"我们的家具采用的是目前市场上最好的 E1 级板材，制作过程中使用的胶水都是符合环保标准的胶黏剂，这确保了我们家具在环保性方面让人放心。"

第三段：强调顾客利益。

最后的步骤是向顾客强调这些事实和优点究竟会带给顾客哪些利益、哪些好处。

比如，"我们的家具采用的是目前市场上最好的 E1 级板材，制作过程中使用的胶水都是符合环保标准的胶黏剂，这确保了我们家具在环保性方面让人放心，可以让您的家人在无毒无害的环境中快乐生活。"

2. FAB 句式的运用

事实上，特性、优点和利益在产品介绍过程中存在因果关系，因此我们可以使用诸如"因为……，所以……，对您而言……"这样的标准句式。

特性：因为……

优点：所以……

利益：对您而言……

"（因为）这款沙发采用了鼓包式靠背设计，靠背的弧度非常贴合人体的腰背曲线（特点），（所以）弹性和柔软度都特别好（优点），（对您来说）当您靠上去时会觉得非常舒服，可以舒缓疲劳、保护脊椎（利益）。"

这样的介绍方式可以使顾客充分感受到产品的功能可能带给他的好处，从而认为自己确实需要这种产品。

3. 做好事前准备工作

为了更好地运用 FAB 介绍技巧，导购首先要熟悉自己所销售的各款家居产品，并将它们的属性、作用、利益等全部罗列出来，形成一份表格，然后多加练习，以增加对产品和 FAB 介绍法的理解。

	属性（Feature）	作用（Advantage）	利益（Benefit）
材料			
款式			
功能			
方便程度			
耐久性			
经济性			
外观优点			

（续表）

	属性（Feature）	作用（Advantage）	利益（Benefit）
价格			
售后服务			
……			

☑ 我们可以这样应对

顾客： "你们这衣柜到底环保不环保？"

导购： "小姐，我们所有的衣柜都采用环保木材，所使用的油漆和胶水也符合相关标准，而且安装有防潮防湿、除臭除异味的活性炭炭盒，它无毒无害，还可以重复使用，每隔一个月时间拿到太阳底下晒晒即可。所以我们的衣柜是非常环保的，您尽管放心使用。"

❖ 点评："我们所有的衣柜都安装有防潮防湿、除臭除异味的活性炭炭盒……"，这阐述的是产品的特性；"我们的衣柜是非常环保的"，这阐述的是产品的优点；"您尽管放心使用"，这讲述的是产品所能带给顾客的利益。

大讲堂35

当顾客与同伴之间意见不统一时

☒ 应避免的错误

1. 只追着目标顾客讲话，根本不理会其同伴。

❖ 点评：既然一起来购物，就说明他们之间的关系非同一般，同伴的意见对顾客的影响不容小觑，得罪了他可能会对销售造成不良的影响。

2. 认真听其同伴的意见，与其同伴一起劝顾客。

❖ 点评：如果顾客本身没有主见，或者对其同伴的意见非常重视，这样做或许可以收到不错的效果。但如果顾客非常有主见或者对其同伴的意见并不认可呢？所以，要区分不同情况。

3. 让他们自行商讨决定，等他们意见一致了再说。

❖ 点评：如果这样，还要导购干什么呢？这样应对的结果通常是顾客什么都不买就离去了。

进门的都是客，作为导购，我们一定要妥善处理好顾客与其同伴之间的意见，从专业角度给出适当的建议。具体来说，在导购过程中我们要眼观六路、耳听八方，根据各方的表现对自己的销售策略及时进行调整。

当顾客与同伴之间有不同意见时，我们应区别对待：如果其同伴的意见正确，我们可协助他们说服顾客；如果顾客的意见正确，我们可站在买主和使用者的立场上，运用有关的商品知识向其同伴做好解释，使大家意见趋向一致。这样不但可以使销售顺利进行，而且还能增进感情上的沟通。

☑ 我们可以这样应对 1

导购："（对顾客）您这位朋友对 ×× 还真的是挺内行的，而且处处为您考虑，能有这样一位朋友真的是太难得了。（对其同伴）这位先生，想请教一下，您觉得是什么地方让您觉得不合适呢？我们可以交流一下，一起来给您的朋友提一些建议，帮他找到更适合他家整体风格的 ××。"

❖ 点评：有些导购面对单个的顾客还能应对，但面对结伴而来的顾客时就显得紧张局促，容易被人牵着鼻子走，失去了主导权。其实，在接待结伴而来的顾客时，导购只要能清楚地分析出谁更有决策权，就可以见招拆招了。

☑ 我们可以这样应对 2

顾客 A："妈，我还是喜欢机器猫图案的那套。"

顾客 B："儿子啊，你都多大了呀，那套机器猫图案的太幼稚了，还是这套好。"

导购："呵呵，看来机器猫真的是不分男女老少人人喜爱啊。昨天一对忙着布置婚房的小夫妻也买了一套机器猫图案的，跟您儿子看中的是同一个系列。他们说机器猫是他们童年的回忆，也是他们爱情的见证。我们的这个机器猫系列……（介绍产品的设计初衷、特色、优势）"

❖ 点评：当结伴而来的顾客之间意见不统一时，导购要及时用一些专业的知识或者举例等方法，使顾客间的意见趋同一致，这样不但可以使销售顺利成交，而且能够增进双方感情上的沟通。

大讲堂 36

当老顾客不知为何悻悻离开时

☒ 应避免的错误

1. 走就走了，我又没做错什么。

❖ 点评：不重视老顾客就是不重视业绩，多反省一下是不是自己在对待老顾客的态度上出了什么差池。

2. 大家都那么熟了，何必呢？再说了，没看见我正忙着吗？

❖ 点评：老顾客是介于陌生人跟朋友之间的一个角色，所以，请不要试图用对待自己朋友的方式来对待老顾客。

3. "您买过我们的产品？我怎么一点印象都没有呢？"

❖ 点评：作为一名导购，即便你真的忘记了眼前这位顾客曾经购买过你的产品，你也应该把话说得委婉一些。这样直白的问话，老顾客完全感觉不到你对他的重视，只会觉得你太世故、没人情味。

美国汽车销售大王乔·吉拉德是世界上最伟大的销售员之一，他创造的连续 12 年平均每天销售 6 辆汽车的吉尼斯世界纪录至今无人打破。他认为每一位顾客身后大体有 250 名亲朋好友。如果您赢得了一位顾客的好感，就意味着赢得了 250 个人的好感；反之，如果你得罪了一名顾客，也就意味着得罪了 250 名顾客。这就是著名的"250 定律"。

可见，每一位老顾客都是一座宝藏。一个公司要想持续发展必须要有老顾客，一名导购要想获得并保持好业绩也必须要依靠老顾客。

☑ 我们可以这样应对 1

导购："李姐，您先别着急走嘛，今天店里的客人稍微多了些，对您照顾不周，还请您原谅。您再给我十分钟，十分钟后我专门陪您怎么样？对了，刚才一忙都忘了，我这里有上好的铁观音，来，您先喝杯茶，消消气。"

❖ 点评：如果你是真的忙，老顾客一般也会体谅，只是不能长时间地将其晾在一边，应该隔段时间就过来关照下，寒暄几句或者换杯水，只要让老顾客知道你没有忽略他，一般他就不会生气离去。

☑ 我们可以这样应对 2

导购："看我这脑子，您是李姐，对吗？"

顾客："我是姓李。"

导购："李姐，您可真的是很久都没过来了，害我差点都认不出您来了，非常抱歉啊！我记得您是前年夏天的一个下雨天来的，对吧？"

顾客："没想到你还真记得我。话说回来，还真得谢谢你那天冒着雨帮我出去叫出租车。这段时间我表弟家在装修，我第一个就推荐了你。"

❖ 点评：忘记老顾客的名字实在是一件不应该的事情，这就好比明明挖到了一块金子，却把它当石头丢掉一样。如果没能及时记起老顾客的相关信息，送上门的生意都会溜走。

大讲堂 37

当顾客看了标价或听了报价转身要离开时

☒ 应避免的错误

1. 走就走呗，不加理睬，也不挽留。

❖ 点评：这样的应对太过消极，不懂得把握潜在顾客，而且会让顾客觉得你一点都不在乎生意，一点都不尊重顾客。

2. "小姐，您别只看价格，要看看它的质量啊……"

❖ 点评：话说的是没错，可是当顾客准备离去时才说出这样的空话来，顾客是很难改变他的决定的。

3. "小姐，如果诚心想买，您开个价吧。"

❖ 点评：如此轻易、主动地就提出可以给予价格上的让步，容易导致自己在随后的讨价还价中处于不利地位。

4. "真是的，不想要干嘛问价格（小声嘀咕）。"

❖ 点评：这样的做法很容易让顾客反感，如果碰到敏感的顾客，甚至会因此与你大吵。

5. 对顾客说欢迎下次光临。

❖ 点评：礼貌告别是应该的，不过没有做出任何努力就轻易放弃顾客，对提升业绩仍然没有什么帮助。

顾客会看标价或者向导购询问价格，通常表明其对产品是有一定兴趣的。顾客之所以看了标价或者听了报价之后就准备转身离开，要么是因为这个价格超出了顾客的购买预算，要么是因为该价格超出了顾客的心理预期。

在与顾客沟通的过程中，我们要尽量避免主动报价，以免从一开始就让导购活动陷入僵局。当然，有些情况是我们无法掌控的，比如顾客主动看标价或者追着询问价格，我们是不可能对此不作回答的，即使明知道这样会让自己失去价格谈判中的主动地位。

☑ 我们可以这样应对

导购："小姐，请稍等，您是不是觉得这款马桶的价格有点高了？"

顾客："不是有点高，而是太高了。就这么个马桶竟然要3000多元。"

导购："小姐，您先别急。很多顾客一听到价格，开始都觉得太贵了，可后来大多数顾客还是选择了购买。您知道为什么吗？"

顾客："为什么？"

导购："这款马桶可是我们这个品牌卫浴系列的精品之作。您看……（介绍产品的特点、优点）现在大家都越来越注重生活品质，而我们的马桶就是为像您这样有品位、懂生活的人量身打造的。"

❖ 点评：看完/听完价格随即转身离去，价格高肯定是一个主要原因。既然如此，导购就要让顾客明白，产品的价值远在其价格之上。此时，可以用幽默的语言来缓解敏感的气氛，让顾客在轻松愉快的氛围中迈过价格这道坎。

大讲堂 38

当顾客看中某款产品可一问价格就不想要了时

☒ 应避免的错误

1."这款是沙发真的很好看，不买可惜了。"

❖ 点评：没有把握住顾客在意的重点，缺乏针对性的说服。

2."小姐，诚心想买的话，价格好商量。"

❖ 点评：这样会给自己制造价格上的麻烦，陷入与顾客讨价还价的困境中。

3."请慢走，欢迎下次光临。"

❖ 点评：礼貌告别是没错，不过这种应对太过消极，很难提升自己的业绩。

4."小姐，别着急走呀，我们这里也有便宜点的。"

❖ 点评：如此应对，容易让顾客产生误解，认为你看不起他，觉得他买不起价格高的。在这种情况下，即使顾客真的是想买件便宜的产品，但出于面子上的考虑，他也会选择在其他地方购买。

毫无疑问，顾客看了产品感觉满意，可是一问价格或一看价格标签就不想要，基本上就是因为价格超出了顾客的心理预期或购买预算。有些导购认为，既然超过了顾客的预算，那就很难说服顾客了，从而选择放弃该顾客或引导顾客去购买价格便宜点的产品。

其实，顾客觉得价格高，最为重要的是因为还没有完全了解到这个产品对他而言有什么好处、有多大的好处，或者说，不清楚这件产品到底值不值这个价。

在这种情况下，只要我们能够适当地加以引导，顾客是很有可能会被说服的，毕竟他已经有了初步的购买兴趣。

在说服顾客时，我们要学会淡化价格、强调价值，让顾客充分感受到这件产品是物有所值甚至是物超所值的。如果顾客确实不想或者没有能力购买这样高价位的产品，这时可以再向顾客推介其他价格稍低但是款式风格相近的产品。

☑ 我们可以这样应对 1

导购： "小姐，说实话，这款家具刚上架时，一看价格我也吃了一惊，觉得太贵了。不过，后来我仔细看了之后，就不这么觉得了。相信您也知道，选购家具时，一看材料，二看做工。这套家具的款式没话说吧，更为重要的是，您看看这个材料、这个做工，这是……"

❖ 点评：导购必须善于运用同理心来思考问题，它可以让顾客觉得我们确实是在为他考虑。我们可以先对顾客的想法表示理解，以减少顾客的抗拒心理，获取顾客信任；接着，再向顾客强调产品的价值，使得顾客更关注价值而不是价格。

☑ 我们可以这样应对 2

导购： "这位小姐，既然来了就多看看吧。我觉得您刚才看的那款沙发非常好看，我们店里还有几款风格类似的沙发，而且经济实惠，我带您去看看吧。买不买无所谓，让您满意才最重要。"

❖ 点评：同样的意思，不同的说法就有不同的效果。如果直接告诉顾客说

"您是不是觉得这件太贵了？那没关系，我们还有其他几款便宜的"，那么顾客多半会觉得你是在看不起他。

大讲堂 39
当顾客坚持要还价时

☒ 应避免的错误

1. "这是促销产品，已经是最低价了。"

❖ 点评：只告诉顾客结果，而不告诉顾客为什么不行，这样很难得到顾客认可。

2. "不是吧，促销品还讲价？"

❖ 点评：这样质问会让顾客感觉难堪，一些较为敏感的顾客甚至会觉得你是在嘲笑他，从而对你产生反感。

商家在做促销活动时，通常已经在价格方面给了很大的优惠，一般是不能再讨价还价的。大多数顾客对这点是清楚并理解的，然而有些顾客却不管是不是促销，仍一再讨价还价。对于这样的顾客，很多导购都感觉厌烦，于是很生硬地回绝顾客，甚至对顾客不予理睬。这种做法是非常错误的。

很多消费者有这样一个习惯，不论价格高低，第一反应就是抱怨东西太贵，这样做为的是增加手中的谈价砝码。然而，换个角度来看，没有购买欲望的顾客才不会跟你进行价格谈判。因此，即使碰到一再讨价还价的顾客，我们也要控制住自己的情绪，晓之以理，动之以情，让顾客明白这个价格已经是最低了。同时，更要让顾客清楚地意识到，产品的性价比非常高，价值远远高于价格。

☑ 我们可以这样应对

顾客："再便宜点，打点折，我就买了。"

导购："小姐，您放心，能优惠我肯定会给您优惠的。您也知道，这次国庆中秋双庆，我们店促销力度非常大，像您看的这款产品，现在才三折，多实惠啊。等活动一结束，就没有这么低的价格了。而且，这款产品我们卖得非常好，现在库存就只剩下五套了。不对，应该是四套，刚刚又有个顾客去交款了。"

❖ **点评：**在处理价格异议时，可以通过告知顾客"过了这个村就没有这个店"来达到刺激顾客购买的目的。比如可以强调优惠期，如果不买的话，过几天会涨价，让对方只能在我们所设定的期限内做出抉择。

大讲堂 40

当明明已经给了最低价，顾客还是不满时

☒ 应避免的错误

1. "这已经是最低价，买不买您自己定吧。"

❖ **点评：**你觉得是最低价，顾客可不一定这么觉得。而且，这种"爱买不买"的态度很容易给顾客不好的感觉，从而产生不满。

2. "你这人怎么这么不干脆，我都说过是最低价了。"

❖ **点评：**这样的话听起来像是在责怪顾客，让人很不舒服。

议价是交易过程中必经的一个环节。总体而言，议价可以分为三个步骤，即引导买方出价、吊价、让价成交。

1. 引导买方出价

当你确定顾客已经产生了购买兴趣，并且产品能符合他的要求，即可引导买方出价。

2. 吊价

采用吊价策略的一个重要原因是：过于轻易地降价，即使已经是最低的价格了，也会让顾客觉得价格还是高了，从而让他对自己的出价感到后悔并继续压价。

3. 让价成交

当我们确定买方在极力争取价格，并且是非常喜欢或很急迫时，通常可以确定已经到达了成交的边缘。那么，此时如果价格在我们可接受的范围之内，你可以给顾客适当的让价，以促使交易马上达成。

☑ 我们可以这样应对

　　导购："王先生，您认为我们这套楼梯的价格太高，那您觉得多少钱合适呢？"

　　顾客："××××。"

　　导购："王先生，您这可是拦腰砍一半啊。要知道，我们产品的价格是根据成本来制定的，这个价格真的是没办法卖的。"

　　顾客："那我再加××××。这可是我所能承受的最高价了。"

　　导购："王先生，我真的是很想做成您这一单，可您说这个价格真的不行，要是按这个价格卖给您，要么我被炒鱿鱼，要么我得自己掏腰包补差价。"

　　顾客："哪能呀，这个价格可以啦。"

　　导购："王先生，您就别让我为难了。这样吧，我帮您向经理申请看

103

看，能否在我给您的那个价格的基础上再给您打个 98 折。您觉得可以的话，我就马上打电话。"

顾客："再打 98 折？行吧。"

导购："王先生，那我们可要先说好了，如果我们经理能同意给您 98 折，您今天就得马上交定金，至于货款的话，刚才也跟您介绍过，我们量完尺寸先收 95%，剩余的部分等您验收完了再交，不然的话我又要被经理责怪了。"

顾客："这个没问题。"

❖ 点评：讨价还价是个过程，能不能守得住价格确实得看技巧。顾客的降价要求是没有底线的，你痛快地答应了，顾客反倒会怀疑是不是还能继续砍价。讨价还价的过程中一定要让顾客看到你的为难，让他觉得真的是底价了。而让价成交时，最好再提出一定的条件，比如支付定金等。

大讲堂 41
当眼前的顾客特别能砍价时

☒ 应避免的错误

1. 算了，这种顾客不接待也罢。

❖ 点评：在销售过程中会碰到各种各样的顾客，如果总是挑三拣四，是很难有好业绩的。

2. 直接告诉他底价，爱买不买看他自己了。

❖ 点评：对于这类顾客，即使你给的是底价，他也会继续讨价还价的。

我们在工作中经常会遇到这样的顾客：有时候明明真的很喜欢某款产品，可是在价格上却纠缠不清，拼命讲价，非要我们多给些优惠不可。

顾客砍价，一般有两种原因。第一种是寻求成就感和满足感，希望能打探到我们的价格底线，砍掉的越多就越有成就感。明白了这一点，导购就需要有技巧地打断顾客这种无休止的欲望，让顾客停止砍价行为。第二种就是顾客试图用最小的成本获取最大的利益。面对这样的顾客，我们完全可以采取降价之外的方式来满足顾客，比如说可以加送赠品、免费安装等。

☑ 我们可以这样应对

导购："先生，我非常理解您的想法。买家居建材，谁不希望能买到质量好、有品位而又价格实惠的东西？可是，同时满足这些条件的产品真的是少之又少。而家居建材产品关系到我们自己和家人的健康，品质一定是马虎不得的，多花费那么一点钱就能换来一家人的健康和欢乐，真的太值了，您说呢？"

❖ 点评：只有抓住了顾客最关注的点，才能成功地消除顾客杀价的欲望，从而掌控销售进程。

大讲堂42
当顾客在讨价还价过程中突然产生不满时

☒ 应避免的错误

1.觉得这顾客太难缠，选择放弃。

❖ 点评：轻易放弃顾客不是一个优秀导购的正确做法。

2. 和顾客针锋相对。

❖ 点评：和顾客争吵，吃亏的永远是导购。

在讨价还价过程中，谈判双方很容易情绪激动，一不留心就会发生争执，生意也因此而告吹。所以，在与顾客讨价还价的时候，导购必须保持心平气和的态度。

精明的谈判者，常常善于顾全对方面子，有一种控制自我情绪的习惯，并能够对对方谈话中自相矛盾或过火的言谈表现出极大的忍耐性，并克制和谦虚地表示自己的意见，他们常用"据我了解""我认为""是否可以这样"等委婉的说法来阐述自己的真实意图。这种态度会使本来相互僵持的谈判变得气氛融洽。

☑ 我们可以这样应对

导购："王女士，您可真是久经沙场的砍价高手啊，真不知道有多少像我这样的小兵小将被您砍得片甲不留。看得出来，您是真心喜欢这款产品，咱们买东西时，价格只是一个方面，更重要的还是产品的性价比啊。刚才跟您聊了一会儿，我也知道您是个追求生活品质的人，您看这款产品，要模样有模样，要质量有质量，要档次有档次。而且您也看到了，我们真的是尽量在用最低的价格为您提供最高的享受了。您说呢？"

❖ 点评：幽默的语言会让尴尬的局面趋向缓和，只有稳住了顾客的情绪，交易才能得以继续。针锋相对地逞一时口舌之快，只能是赢了争论却输了生意。

第四章

当顾客提出这样的价格问题时

大讲堂 43

这款还不错，就是太贵了……

☒ 应避免的错误

1. "这个价不贵的。"

❖ 点评：这样回答缺乏足够的说服力，无法消除顾客"太贵了"的感觉。

2. "要不您看看另外一款，那个便宜，只要 3000 多元就够了。"

❖ 点评：既然顾客已经表明喜欢这一款，导购就别再转移顾客的注意力，向顾客推荐其他款式了，否则就是给自己制造销售障碍。

3. "那您认为多少钱才不算贵呢？"

❖ 点评：处理价格异议的时候，最好不要使用反问句，这样容易使自己过早地陷入到与顾客讨价还价的被动局面。

出于正常的消费心理，每个人都希望能够购买到物有所值甚至是物超所值的商品。即使他们已经产生了购买兴趣，但为了能尽量以最小的代价买到自己心仪的东西，他们还是会不厌其烦地和导购进行最为关键的一次交锋——议价与守价。换句话说，抱怨价格过高已经成为消费者的一种习惯，而不管这个价格是不是真的高。

如果顾客顾虑的只是"这么贵，到底值不值得买"，那么与顾客争辩价格高低对销售并没有帮助。你应该做的是向顾客清楚地说明这个产品真的是物有所值甚至物超所值的。如果你能够把产品的种种优势很好地呈现在顾客面前，告诉顾客购买这个产品能给他带来多少利益，让顾客明白买你推荐的这个产品才最合算、最有价值，直到价格对顾客来说变成一个相对次要的问题时，你就算成功地处理了顾客的价格异议了。

☑ 我们可以这样应对 1

顾客："这款还不错，就是太贵了。"

导购："小姐，您真是好眼力，这款产品从设计到用料都堪称精品，它的设计师还凭借它拿了当年设计大赛的金奖呢。"

顾客："哦？"

导购："单看价格确实有点贵，但是还是有很多像您一样追求高品质生活的顾客选择了它。因为它的性价比还是很高的，买了绝对不会后悔。您看，……（介绍产品的特点、优点）怎么样？我现在帮你开单，傍晚就可以安排送货了。"

❖ **点评**：作为导购，嘴甜一点总是好的。当顾客对价格抱有异议时，可以先夸赞顾客，对顾客"这款还不错"的想法表示认同，这样不仅可以让顾客有被认同的愉悦感，还能缓和交谈的气氛；接着，对顾客"太贵了"的看法也表示理解，以避免站在顾客的对立面，减轻顾客的抗拒心理；最后，再次结合顾客"还不错"和"太贵"这两个让其犹豫的方面做重点说服，让顾客意识到"产品不错，而且这个价格买来值"。

☑ 我们可以这样应对 2

顾客："这款还不错，就是太贵了。"

导购："是的，先生，这款红木家具的价格确实不便宜。不过您想想，像您这样的成功人士，家里总不能摆一套普通的沙发吧？您看看，我们这款红木家具的款式是不是非常大气，做工是不是很精细？像这样的红木家具，用几十年都不会过时，而且还能保值，这样算起来是不是就不贵了？"

❖ 点评：同理心的运用能很好地拉近导购与顾客之间的心理距离。先对顾客的看法表示认同，接着再抓住顾客的关注点进行重点说服：高端大气上档次，可以显示身份和品位；质量好，可以用好几十年；款式经典，很长时间都不会过时，而且还能保值，这样折合下来就不算贵了。

大讲堂 44

好像你们的东西越来越贵了

☒ 应避免的错误

1. "现在什么都在涨价，没办法啊。"

❖ 点评：这样回答实际上是认同了顾客的看法，承认了价格偏高，更难说服顾客购买。

2. "我只是负责销售，价格方面我不清楚。"

❖ 点评：无法回答顾客提出的问题，是无法得到顾客的信任的，顾客自然也不会同你达成交易。

3. "我们品牌分两个档次，您现在看的是中高档的，低档的便宜一些。"

❖ 点评：这种回答虽然说的是事实，但是没有注意措辞，最好用一些顾客更容易接受的表达方式。

价格是一个敏感的话题，因为物美价廉是每一个购买者都期望的理想状态。所以，对于导购而言，应对顾客在价格方面的问询和质疑就成了一个不可回避的问题。

一听到价格就说"越来越贵"的顾客一般是我们的老顾客，或者至少对我们品牌有些了解。对于这样的顾客，我们导购应该先就宣传不到位向顾客表达歉意以求谅解，然后再向顾客解释公司做出价格调整的目的，以及调整之后会给顾客带来哪些方面的利益。要知道，在顾客眼里，能够做到"物美价廉"固然最好，"物有所值"也是完全可以接受的。

☑ 我们可以这样应对 1

导购："感谢您一直以来对我们品牌的关注，正是有了像您这样的老顾客的支持，我们的品牌才能一步步地成长。我们品牌为了满足更多顾客的需求，在去年底创立了一个新的系列，走的是中高端路线，风格特点是……我们刚到了一批今年的新款家具，您看看是不是比之前提升了一个档次。买不买不要紧，权当多了解一下吧，到时候还可以帮我们做下宣传。像您这样的老顾客的一句推荐，真的是强过我们这些导购的一百句一千句呢。"

❖ **点评：**导购对顾客的认同能在很大程度上缓解顾客的抱怨，等到交谈的气氛缓和了，才有机会进行进一步的推介，也才能促进交易的最终达成。

☑ 我们可以这样应对 2

导购："您是我们的老顾客了，也很清楚我们品牌一直非常注重产品质量和售后服务。为了能给顾客提供更好的产品和服务，公司最近在调整策略，希望向中高档品牌转型。毕竟大家都在追求更高的生活品质，我们得跟上顾客的脚步，不然很容易就被淘汰了，您说是吧？"

❖ **点评：**作为导购，我们一定要讲究说话的艺术，要让自己的解释有理有据、令人信服。

☑ 我们可以这样应对 3

导购："是的，我们的产品价格较去年来说是有一定的提升。不过为了让顾客感到物有所值，我们不仅在质量和设计上有所改进，在售后服务方面更是进行了完善。希望您给我们多提意见，让我们做得更好。"

❖ 点评：只要顾客所提的意见是对的，导购都要坦诚接受，千万不要和顾客争论，更不能睁眼说瞎话。在坦诚承认的基础上，再说明价格上涨的缘由，顾客就更容易接受你的解释了。

大讲堂 45

隔壁店比你们便宜多了

☒ 应避免的错误

1. "您不能只看价格，还要看质量。"

❖ 点评：用这种教训的口吻同顾客交流，很有可能致使顾客抬腿就走。

2. "我们这是品牌货，他们和我们的能比吗？"

❖ 点评：这样说显得过于盛气凌人，而且还暗示顾客啥都不懂，会让顾客感觉非常不舒服。

开门做生意的，总免不了被顾客拿来跟其他店做对比。因此，"货比三家"是非常正常的消费行为。作为导购，我们没有必要遇到这种情况就心慌心虚。再说，顾客愿意比较，说明他对我们的产品感兴趣，有兴趣就会有购买的可能。

顾客可以用比较法，我们同样可以用比较法进行应对。只是，顾客在比较的时候更侧重价格，而我们在比较的时候应侧重于价值和利益。在运用比较法时需要注意的是，要就事论事，不能说自己的好而别人（便宜）的不好，因为我们在贬低他人的时候，也贬低了自己在顾客心目中的形象，这样更难取得顾客的信任。

☑ 我们可以这样应对 1

顾客："隔壁店比你们便宜多了！"

导购："先生，是的，我们的价格是高了些。不过，您也清楚，不同的品牌当然会有不同的价格，值不值这个价关键还要看质量、服务和品牌。比方同样是手机，苹果手机比其他品牌的手机价格高很多，为什么呢？因为品牌不同啊。您说是这个道理吗？"

❖ 点评：拿常见的其他产品进行对比，顾客就会更容易明白其中的道理。

☑ 我们可以这样应对 2

顾客："××品牌的橱柜比你们便宜多了！"

导购："小姐，您说得没错，我们两家的橱柜在风格上确实比较相近，很多顾客也因此而犹豫不决，不知道该选择哪一家。早上有一位小姐也是在我们两家店之间比较，最后她还是回到我们这里定了一套。您知道为什么吗？她说我们的橱柜烤漆做工确实比××的好很多，我们的橱柜映出的人影都不会变形，而且橱柜的细节设计也更人性化。"

❖ 点评：通过借助第三方的案例来说明两者的差别，会比导购自己说更有说服力，更容易让顾客相信。

大讲堂 46

你们的产品也没见有多好，怎么卖这么贵

❌ 应避免的错误

1. "不会啊，我们的产品质量都挺好的。"

❖ 点评：这样随口回答顾客的异议基本上没多大作用，顾客更关注的是价格，而不是和你争论质量的好与不好。

2. "我们现在搞促销，有打折，不会太贵的。"

❖ 点评：这样回答等于认同了顾客觉得价位太高的观点，不利于销售的顺利进行。

3. "您这种说法我还是第一次听说。"

❖ 点评：这样回答容易让顾客感觉不被尊重，会让顾客觉得很不舒服。

4. "贵自然有贵的道理。"

❖ 点评：用这种态度和语气来应对顾客，顾客不转身就走才怪。

为了在价格谈判中占据主动，有些顾客往往会用"你们的产品很一般，怎么还那么贵"作为谈判砝码，要求我们降价。

让我们来设身处地地想一下：如果一件产品我们压根儿就不喜欢，我们还会浪费时间和精力去询问它的价格吗？顾客既嫌弃产品的质量，又抱怨价格过高，其实只是一种假象，他只不过是想用这个作为理由以便在价格谈判中占据主动位置。

事实上，在销售过程中，并不是顾客所提出的每一个异议都是他内心的真实想法。顾客可能会提出"真异议"，也可能会提出"假异议"。只有

懂得分辨真假异议，发现顾客内心的真正想法，才能有的放矢、对症下药，而不是花大量时间去回答和处理"假异议"。

1. 真异议

所谓真异议，是指顾客所表达出来的真正的、重要的疑虑，心直口快类型的顾客通常会直截了当地说出他的想法。真异议是一定要处理的问题，不解决它会影响到顾客的购买决定。

当顾客提出真异议时，就意味着产品还不能让顾客满意，或者我们的服务让顾客感到不满意。这时，我们首先要做的是加强对产品的认识，多了解产品能为顾客带来的利益，并根据顾客的需求为顾客提供更为优越的服务。

2. 假异议

所谓假异议，是指顾客所提出的异议并不是他内心的真实想法，而只是他在购买洽谈中运用的一个策略而已。

假异议通常可以分为两种：一种是顾客以敷衍的方式应付导购，其目的是不想和我们真正会谈，因为他根本不想介入这项销售活动；另一种是顾客虽然提出很多异议，但这些都不是他们在乎的地方，即使得不到我们的解释、回答，他也会决定购买。

这里需要注意，千万不要对未确定的异议（即假异议）作出妥协或让步，因为这会增加我们处理真异议时的困难。很多没有经验的导购经常会因为受到假异议的影响而放弃销售，而优秀的导购则会找出顾客真正的疑虑，只有找到真正的问题，才能从根本上解决问题。

3. 辨别真假异议

通常情况下，辨别真假异议的方法主要有以下三种。

（1）察言观色。

当我们为顾客提出的异议提供肯定确凿的答案时，注意留心观察对方的反应。一般来说，他们要是无动于衷的话，就表明他们对这个异议根本不在乎，也就是说他没有告诉我们他真正的异议。

（2）认真判断。

当顾客在短时间内提出一系列毫不相干的异议时，就说明顾客提出的可能是没有经过细心思考的假异议，他们很可能是在掩饰那些真正困扰他们的原因。

（3）直接发问。

有些时候，我们判断出顾客所提出的异议是假异议，但又无法知道他内心的真实想法，这时可以直接发问，比如："刘姐，有件事让我感到很疑惑。我相信这套家具真的非常适合您，并且您对它也很有兴趣，但是我觉得您好像有什么顾虑又不肯说出口，您能告诉我真正的原因吗？"

☑ 我们可以这样应对 1

导购："不好意思，怪我刚才没做好介绍。这款大灯款式比较简洁，乍看没什么特别，但是您仔细看就会发现，它做工非常精细，而且采用了××制作工艺，大大降低了褪色变形等问题发生的概率。它使用了××材料，显得非常优雅大气，特别适合您家的装修风格。其实一套房子装修花了那么多钱，肯定要买适合的产品，您说对吧？"

❖ 点评：将产品的优势加以细化，可以让顾客更直观地了解其价值，从而弱化顾客对产品的不良印象，增加其购买的可能性。

☑ 我们可以这样应对 2

导购："之前也有顾客提到过类似的问题。是呀，现在市面上的产品同质化越来越严重，不同品牌的产品乍看起来确实挺相似的。不过，只要稍微用心看一下，就能感觉到其实差别还是挺大的。就像我们这款×××，五金件是……，它……；玻璃是……，它……；整体设计是……，它……装修房子是件大事，买到质量好的产品会省很多心，您觉得呢？"

❖ 点评：顾客提出假异议只是一种谈判策略。了解顾客的这一心理特点后，导购就要尽可能地把产品的优点罗列出来。

大讲堂 47

整个建材市场就你们店最贵了

☒ 应避免的错误

1. "您不能单看价格，还要看质量啊。"

❖ 点评：用这种教训的口吻同顾客交流，很有可能致使顾客抬腿就走。

2. "一分钱一分货嘛。"

❖ 点评：这是大家都知道的道理，不具备说服力。

3. "不会吧，我觉得还好啊。"

❖ 点评：语言苍白无力，缺乏对品牌应有的自信，更难取得顾客的信赖。

"货比三家"几乎是所有人的购物习惯。有时候，顾客在店里仔细看了一圈后，有点不满地问道："你们的实木门怎么都那么贵？整个建材市场就你们店最贵了。"对此，我们又该如何应对呢？

顾客搬出"整个建材市场"来说事，恰恰说明他对我们的产品是中意的，而且在款式、质量等方面我们应该也优于"整个建材市场"的其他商家，顾客之所以要搬竞争对手出来，是因为想谋求价格上的更多优惠。

无论销售哪种商品，价格总是极其敏感却又绕不开的话题。其实，顾客并不是只因为价格才产生购买欲望的，是因为我们推介的产品能够满足他们的需求他们才会购买，所以不要把价格放在第一重要的位置上，要把焦点转移到其他利益上，强调该产品是如何满足他的需求、能给他带来多少利益。价格并不是主要的，价值才是主要的。

☑ 我们可以这样应对

导购："其实您说的这个问题有很多顾客刚来的时候也提过，不过后来都成了我们的老顾客。您知道为什么吗？"（故意卖个关子吸引到顾客的注意力。）

顾客："哦？为什么呀？"（顾客表现出了兴趣。）

导购："因为他们慢慢地了解了我们的产品，知道我们的产品不仅质量和售后服务都有保证，而且款式非常新颖，可以说是物超所值。我们希望更多像您这样有品位的人能成为我们的老顾客，所以是不可能漫天要价的，您说对吧？"

❖ 点评：价格是决定顾客购买与否的一个重要的因素，但却不是唯一因素，让顾客觉得产品物有所值甚至物超所值，才是关键所在。

大讲堂 48

广告不是说全场 8 折吗？原来是骗人的

☒ 应避免的错误

1. "您看错了，我们是 8 折起，可不是全场 8 折。"

❖ 点评：顾客可能会觉得你们是在故意搞花样糊弄人。

2. "您来晚了，我们那个活动早结束了。"

❖ 点评：顾客兴冲冲地来，你兜头一瓢冷水，等于是把责任全归到顾客身上。

有些商家为了吸引顾客的眼球，打折的广告上，" × 折"字样写得非常醒目，但往往会在角落里写个小得跟蚂蚁一样的"起"字。

当顾客发现自己想买的产品没有那么低的折扣时，就会认为被愚弄了，心情一定不会好到哪里去。作为导购，我们首先要诚恳致歉，平复顾客心中的不满，然后想办法转移顾客的注意力，或努力为顾客争取更多的利益。直截了当地指出"你看错了"，只会让顾客更为愤怒。

☑ 我们可以这样应对

导购："真的是很抱歉，我们这次促销活动到前天已经结束了。不过，您特意赶过来也真的是不容易，这样吧，我帮您申请个特别折扣价，总不能让您白跑了这一趟。您先坐一下……"

导购："让您久等了。我刚才跟老板说明了您的情况，老板同意给您打八五折，您看行吗？老板还特别请求您不要把这个优惠价格告诉其他人，因为这个价格真的已经是成本价了，而前几天的八折，就是为了做宣传，直接就是赔本赚吆喝。"

❖ 点评：面对顾客的这种质疑，导购首先应该诚恳致歉，这样才能多多少
少地安抚顾客愤怒的情绪，让顾客感到自己还是被尊重的。同时，导购
还要主动为顾客争取相对低的价格，让顾客感到你是在努力为他争取利
益，从而获得顾客的认可。

大讲堂 49

没看出比别的好多少，怎么贵那么多

✖ 应避免的错误

1. "这是 × 国设计师的最新设计。"

❖ 点评：顾客关心的是产品的质量，而不是谁设计了它。

2. "好货不便宜，自然是越贵的质量越好。"

❖ 点评：顾客想知道的是你的产品到底好在哪里，这种泛泛的回答等于没
回答。

顾客买东西都希望既物美又价廉，不过这只是个最理想的状态，如果
顾客发现想买的产品虽然不够便宜，但是却足够好时，一般也是愿意购买
的。这个让顾客发现产品的价值的过程，就是导购努力的过程。

面对顾客的这种质疑，我们要做的就是要让顾客明确地知道我们产品
的特别之处，要从产品的设计、材质、工艺、质量保证、品牌文化等方面
做出介绍。只要让顾客明白了产品的价值所在，他们对高价格的认同就不
再是个难题。

☑ **我们可以这样应对**

顾客 A："他们这款沙发，我也没觉得比其他的好多少啊，可价格怎么会贵那么多？"（顾客是夫妇俩，他们看了几款沙发，对款式、做工都很满意，但当看到标价时，妻子就开始提出异议了。）

顾客 B："是啊，款式好像跟我们前几天看的那个 ×× 牌子的也差不多。"

导购："我非常理解你们的想法。不过，选沙发的时候我们不能把价格放在第一位，而更应该看重沙发的质量和耐用性。我们一个顾客给他儿子买新婚家具的时候就把我们这个品牌放在了首选的位置，您知道是为什么吗？"

顾客："为什么？"

导购："原来，那位顾客以前买沙发时，就和您二位现在的想法很像，觉得反正样式都差不多，就选了价格低一些的一个品牌，可是没想到的是，沙发才用了不到一年，就严重变形，坐上去有的时候还会听到弹簧的声音。换掉吧，那也是花几千块买的，舍不得；不换吧，用着又真的是不称心。所以，去年他给儿子买沙发的时候就认定了我们的品牌，而且后来又推荐了一个亲戚来订了一套。"

❖ 点评：引用他人的例证是一个非常好的产品推介方法。有了这样一个成功的实例，顾客就能更容易理解为什么要选择品牌产品。

大讲堂 50

13500 元? 把零头抹掉, 13000 元好了

☒ 应避免的错误

1. "这个价格已经很低了。"

❖ 点评: 如果你这样回答, 顾客听了会觉得还有讲价的空间, 会继续跟你讨价还价, 麻烦的只会是自己。

2. "这个我没办法做主啊。"

❖ 点评: 大部分顾客会追问谁能做主, 店长还是老板? 这样回答纯粹是给自己找麻烦, 还可能被上司认为处理问题的能力不佳。

顾客要买的产品总共是 13500 元。因为没有满足顾客的打折要求, 顾客心里很不爽, 于是不依不饶非要再给些优惠不可:"算 13000 元就好了……"

顾客选购产品的过程其实就是一个不断权衡不断取舍的过程。而这个过程中, 价格问题一直是让所有导购深感头痛的事, 因为不论顾客对产品本身是否满意, 总是会在价格上不断纠缠。作为导购, 我们的责任就是引导顾客多着眼于所选产品的价值而淡化价格。

在销售过程中, 顾客提出这样的要求, 说明顾客已经对产品很有兴趣, 达成交易的成功率很高。此时, 我们最好使用"攻心法", 也就是要让顾客看到我们确实已经做了最大的让步, 为他争取了最大的利益。这样一来, 顾客看到了我们的诚意, 再加上对产品本身的喜欢, 也就不会再在抹不抹零头这样的细节上纠结了。还有一点必须注意,"迟则生变", 一旦顾客发出了购买的信号, 请引导顾客迅速做出购买的决定。

☑ 我们可以这样应对

导购："您可真是让我为难了，我们是品牌专卖店，每件产品的价格都是全国统一的。我看您的打扮就知道您很有品位，对家具行业也很了解，所以说您肯定不是在乎这区区几百元，而是想知道我们的价格够不够实在。其实我们选家具，质量好不好、与家里的装修风格匹不匹配才是最重要的。您看的这款沙发是我们今年的最新款……"

- ❖ 点评：多数顾客其实并不在乎这个零头，讨价还价只是一种习惯或者是乐趣。适度地赞美一下顾客，他可能就会觉得自己再为了一点零头讨价还价的话会有损自己的形象。

大讲堂 51

再便宜点，我一定会给你们做宣传的

☒ 应避免的错误

1. "不好意思，我们品牌从来不打折。"

- ❖ 点评：这样冷冰冰的一句回答，就足以把顾客拒之于千里之外。

2. "对不起，我没这个权力。"

- ❖ 点评：你没权力？那岂不是找对人就能便宜了？顾客一旦得出了这样的结论，你一定会被撇在一边，业绩可能就白白送人了。

现在顾客越来越精明，讨价还价的技术越来越高超，压价的方式也是多种多样。比如有些顾客就会这么说："我们家在一个新小区，现在那儿很多人都在装修，你如果能给我便宜点，我一定帮你们做宣传，到时候那么多人来买，你们不就赚了吗？"

顾客都说到这个份上了，说明他对我们的产品本身还是非常认可的，只要我们再让他得到更多的尊重，或者在我们的权力范围内再做出一点点让步，顾客就一定会高高兴兴地购买了。

☑ 我们可以这样应对 1

导购："先生，先得谢谢您对我们产品的厚爱，您能帮我们做宣传自然是求之不得的好事。您也知道，我们的产品原则上是不打折的，不过您来得正好，最近我们推出了一项团购优惠政策，一次性购买 5 套以上的顾客，就可以享受不同程度的优惠，买得越多，优惠幅度也就越大，最低可以拿到 75 折呢。您看，这是详细的优惠政策。"

❖ 点评：多买多优惠，最低 75 折的优惠，这一下子就调动起顾客宣传的
　　积极性。这样一来，不光给了顾客足够的价格空间，还可能吸引来更多
　　的顾客。

☑ 我们可以这样应对 2

（顾客几天后再次光临）

顾客："我这几天又找了两个想买你们产品的邻居，你看能不能给我们打下折啊？"

导购："欢迎您的再次光临。原则上，我们一定要购买五套以上才有优惠，不过您是我们的重要顾客，我也有把您的情况告诉了我们老板，他也非常感谢您的厚爱，还特意嘱咐说，您要是再过来的话，即便没有凑够五个人也要给您打八折。"

❖ 点评：顾客再次光临，无论他是否满足了优惠的条件，都要适当给予价
　　格上的让步。一是为了感谢他对自己品牌的忠诚，二是通过顾客的宣传

让更多的人知道了你的品牌，应该对顾客的付出给予回报。

大讲堂 52

那些大品牌都打折，你们竟然不打折

☒ 应避免的错误

1."不好意思，这是公司的规定。"

❖ 点评：面对顾客的异议，要积极采取措施来消除其疑虑，而不能习惯性地拿公司规定作为挡箭牌。

2."您应该不会计较这么点钱吧？"

❖ 点评：不要把别人的钱不当钱。适当地赞美顾客有钱没有错，但是谁的钱都不是大风刮来的，这样的说法容易遭到顾客的反驳。

在得知没有任何折扣的时候，有些顾客就会心生不满："那些大品牌都打折，你们竟然不打折？"顾客提出这样的异议，主要目的就是想在价格谈判中占据主动，获得价格上的优惠。此时，导购一定不能跟顾客针锋相对地争论，否则只会让我们失去更多。

物美价廉几乎是每个顾客购物时的诉求，而且，商家频繁的、花样繁多的促销活动也让顾客习惯了购物时有或多或少、这样那样的优惠。同样是家居建材店，凭什么人家有促销你们就没有？其实，有时候顾客在意的可能并不是价格本身，而只是习惯了"打折"这种形式的存在，突然没了，不适应而已。所以，导购要做的就是要用冷静、温和的话语来让顾客尽快地从这种不适应中调整过来，把顾客的关注点及时地转移到产品本身。例如，说明其他品牌打折的原因，解释我们品牌的定价策略，告诉他们不打折策略可以给顾客带来的好处，用事实来让顾客认同我们。

☑ 我们可以这样应对 1

　　导购："这位先生，我很理解您的想法。一看您的穿着就知道您是个有品位的人。对您这样的成功人士而言，打不打折其实并不重要，重要的是我们的家具是否和您家的装修风格匹配，质量是不是过关，款式是不是新颖。您看，我们这款家具……"

　　❖ 点评：顾客对折扣的要求可能只是一种惯性，导购要通过耐心的解释及时将顾客的注意力转移到产品本身上来。

☑ 我们可以这样应对 2

　　导购："不瞒您说，现在商家打折不外乎处理瑕疵品、过季品以及节庆活动等原因，而且有些商家还会事先提高价格再来降价，您觉得这样子算回馈顾客吗？您是我们的老顾客了，也很清楚我们的定价都非常实在，不必担心买了我们的家具没几天就发现价格降了一大截，您说是吧？"

　　❖ 点评：对打折原因的分析有助于使顾客更清楚地认识到打折只是商家招揽顾客的手段而已，从而主动将注意力转回到产品本身。

☑ 我们可以这样应对 3

　　导购："我明白您的意思，现在家居行业的竞争很激烈，很多商家为了争夺市场份额，经常以降价打折的方式吸引消费者。可也有一部分商家是在处理库存货品或因为定价过高，所以降价幅度较大。您想，如果您买的沙发前一个月 15000 元，下个月就变成了 10000 元，你有什么感受？肯定再也不想来我们店了。"

❖ 点评：让顾客意识到不打折正是品牌成熟的表现，才能得到顾客的认可，进一步的推介才有可能。

大讲堂 53

人家促销都五折六折，你们怎么才八折

☒ 应避免的错误

1. "他们的折扣是更低，可是他们家产品没我们好啊。"

❖ 点评：这种贬低竞争对手的做法，只会让顾客觉得你缺乏职业精神、不值得信任。

2. "没办法，我们公司的促销政策就是打八折。"

❖ 点评：说的可能是实情，但是这种直白的回答对解决顾客异议毫无帮助。

3. "那您就去看看他们家的吧。"

❖ 点评：这是在赶顾客走！送上门的生意你都不愿意做，还能期望什么好业绩？

价格是个敏感却又无法回避的话题，顾客买东西，自然是想用最少的钱换取最称心如意的产品，所以，有关价格方面的异议在销售过程中不可避免。在节假日促销的时候，如果促销力度不够，难免就会遇到顾客抱怨说我们的折扣力度没有别家的大。

顾客明知道我们的折扣力度远没有别家的大，却还愿意花费时间来看，就说明他对我们的产品是非常认可的，只是折扣的多少让他不是很满意而已。

我们应该把产品的种种优势呈现在顾客面前，告诉顾客购买我们的产品能给他带来多少利益，让顾客明白只有买我们的产品才最合算。只有这样，才能成功地弱化折扣数字的大小给顾客造成的不痛快，成功地处理顾客的价格异议。

☑ 我们可以这样应对 1

顾客："才八折？别人家国庆促销都是五折六折啊！"

导购："您说得对，我们的促销折扣确实相对少一些。其实商家打折的原因很多，一般要根据库存情况、公司策略、新品上市情况等因素来制定。我们公司产品较少打折是因为我们的定价本来就很实在，而且也考虑到如果顾客买了我们的产品，没几天就发现价格降了一大截，心里肯定不是滋味，恐怕就会怀疑我们的诚信，以后再也不来了，您说是这个道理吧？"

❖ 点评：顾客能提出这样的异议，就说明他对产品甚至价格还是有一定的认可的，只要你的分析可以被顾客接受，顾客应该会很快做出购买的决定。

☑ 我们可以这样应对 2

顾客："不会吧，国庆促销才打八折？整个商场就你们折扣最少了。"

导购："其实，大家盼着能多些折扣，就是想得到真正的实惠。我们的产品折扣虽然不如其他家力度大，但是我们是大品牌的厂家，我们的产品在选材、设计以及环保方面更有优势，售后服务也更有保障……（向顾客介绍产品的优点、卖点）购买我们的产品一定不会让您觉得后悔，跟购买其他家的产品相比，您最终得到的实惠只会更多。"

❖ 点评：先向顾客传达折扣跟实惠这两个概念的关联性，然后通过介绍自己产品的优势，让顾客知晓买我们的产品就是买到了真正的实惠。

大讲堂 54
现在 8 折，以后会不会打折更多

☒ 应避免的错误

1. "这个不好说，要看公司政策，我也说不准。"

❖ 点评：面对顾客这样"另辟蹊径"的问题，经验比较少的导购可能会觉得有点发蒙，容易说出"这个不好说"或者"这个我说不准"等这类模棱两可的话来，本想敷衍过关的，殊不知这种不确定的回答会大大降低顾客的消费热情。

2. "这个折扣已经很低了。"

❖ 点评：这种回答是与顾客对抗的表现，顾客很可能会解读为"嫌贵你就别买"。如果导购是带着情绪说出这句话来，顾客或许会理解成"买得起就买，买不起就算了"。显然，无论哪种理解，这样的回答都无法令顾客满意。

很多时候，我们因为促销给出了"全场 8 折"之类的优惠，可是有些顾客非但没觉得实惠，反而犹豫了："现在 8 折，以后会不会打折更多？"

顾客在消费时，总希望得到最大、最多的优惠，只要顾客觉得还有进一步讨价还价的可能，他就不会立刻做出购买的决定。提出这种问题的顾客，不外乎两种心态：一是怕买贵了不划算，二是希望以更低的价格购买。如何把握住顾客的购买心理，激发顾客的购买热情和欲望，就看导购处理问题的能力了。

　　当顾客提出"以后会不会打折更多"之类的异议时，我们千万不可流露出觉得顾客小气、啰唆的表情，而应该学会消除顾客这种无底线的欲望，强调目前的促销活动是力度最大的，而且是有时间上的限制的，以此来给顾客营造一种紧迫感，从而尽快促成交易。

☑ 我们可以这样应对 1

　　导购："您就放心吧，我们公司在制定价格和折扣的问题上是非常严谨的，当然这也是对消费者负责任的表现。如果我们随意定折扣，价格一次比一次低，那你们买了一次下回肯定就不光顾了，您说是吧？"

　　❖ 点评：导购个人的保证往往显得人微言轻，这个时候，我们可以选择从公司政策层面给顾客以信心和保障，使顾客打消对更低折扣的期待。导购在解释时要自信而坚定，不能用"应该吧""基本上""可能吧"之类的语言，这种不确定性的语言只会加深顾客的担忧。

☑ 我们可以这样应对 2

　　导购："大姐，我们这次拿出来做促销的都是以前的旧款。一般大折扣的促销都是积压时间比较长的库存货或者有些小问题的瑕疵品。所以说，如果有合适的产品，现在买还是更划算的。"

　　❖ 点评：顾客的疑虑一般来源于对相关情况的不明了，导购要把打折活动的原因跟顾客解释清楚，这样不仅可以让顾客释然，更可以营造出时不我待的紧迫感，更利于交易的达成。

大讲堂 55

我是你们老板的朋友，怎么着也得优惠点吧

☒ 应避免的错误

1. "不好意思，就算是老板的朋友也是这个价。"

❖ 点评：这种说法语气太强硬，会让顾客感觉自己在自讨没趣，非常没有面子。

2. "这我做不了主，您直接打电话给他吧。"

❖ 点评：这种说法纯粹是在给自己和老板制造麻烦，容易让老板怀疑你处理事情的能力，而且可能降低顾客的购买热情。

3. "是吗？我们老板没提过啊。"

❖ 点评：毫无疑问，这样的回答等于指责顾客是在说谎，会让顾客感觉不被信任，甚至恼羞成怒。

在导购过程中，尤其是在讨价还价的时候，经常会遇到一些以上级或老板的名义来找我们要折扣的顾客，例如：这件多少钱，我可是你们老板的朋友；不是吧，一点折扣都没有，你给我优惠点，不然我打电话给你们老板了；我是你们老板的朋友，怎么说也得再优惠点吧，要不我给他打个电话……

当顾客运用"人情牌"战术时，我们没有必要刻意去辨别其真假（比如顾客是否真的和老板是朋友），只需要继续热情接待，满足顾客希望被重视的心理。其实，很多时候，顾客打"人情牌"的一个主要目的就是想以特殊的关系获得特殊的待遇，比如价格上的优惠，以及特别的尊重和重视。

☑ 我们可以这样应对 1

导购："您是我们店长的朋友啊？真不凑巧，我们店长今天去开会了，要不你们还可以叙叙旧。您放心，我们店长交代过，只要是他的朋友，一定要好好接待。跟您说实话吧，这个价格已经是底价了，没法再便宜了。不过您是店长的朋友，我不能一点都不照顾，这样吧，装修房子难免会担心室内空气的问题，这台空气净化器单独买要一千多元，我就破例一次，直接送您了。来，您看看要哪种颜色。"

❖ **点评：** 顾客亮出店长朋友的身份，无非是想得到更多的优惠。这个时候，导购不妨给顾客透露个底价，接着可以通过送赠品等方式，满足顾客追求优惠的心理，这样顾客也就不好再说什么了。

☑ 我们可以这样应对 2

导购："您就是杨小姐？我听我们店长提起过您，说您的审美非常好，装修很有品位。难怪刚刚您一进来，我就觉得与众不同。放心吧，您是我们店长的朋友，我肯定不敢给您高价的。我们店长说过了，只要是她的朋友，一律给 9 折的最优惠价格。如果不信，哪天您和我们店长在一起的时候，问问她这是不是最优惠的价格。"

❖ **点评：** 首先通过赞美顾客，让顾客获得心理上的满足；接着搬出店长的"指示"，断绝顾客再进一步砍价的空间；最后提出可以向店长求证，让顾客相信这确实是最为优惠的价格。

大讲堂 56

我也算老顾客了，一点额外优惠都没有吗

☒ 应避免的错误

1. "不好意思，我们这里新老顾客都是同样的价格。"

❖ 点评：这种回答没有顾及到老顾客的想法，容易伤害老顾客的面子，造成老顾客的心理不平衡，他很可能以后就不再光顾。

2. "既然是老顾客了，那应该知道我们这里是不讲价的。"

❖ 点评：有些指责顾客"明知道规定还非得讲价"的意思，顾客听了肯定非常不舒服。甚至，有可能会让顾客误会你在指责他冒充老顾客。

有过网购经历的朋友都知道，如果你是某家店的老顾客，在收到的包裹里经常会有店主送的小东西，比如几颗糖果、一个手机挂链、一张贺卡、一双可爱的袜子……其实大家不是贪图那一点好处，看中的是那种被重视的感觉。

实体店销售也一样，老顾客总是希望自己受到特别的礼遇，尤其是在讨价还价的时候："我是你们的老顾客，你们就不能优惠点吗？""我也算老顾客了，一点额外的优惠都没有吗？"

据统计，一个忠诚的老顾客可以影响 25 个消费者，诱发 8 个潜在顾客产生购买动机，其中至少一人产生购买行为。从上面这一组数据，我们可以清楚地看出老顾客的重要性。

接待老顾客，最为重要的就是让他感觉到自己享受到了与普通顾客不同的待遇，受到了更多的重视。有时候，仅仅因为一个赠品、一句赞美、一杯热茶而产生购买行为的情况并不少见。因此，对待老顾客，我们要

像对待老朋友一样亲切热情，把握说话的技巧，让顾客感觉在这里很受尊重，这样顾客也会更愿意配合我们的工作，从而让销售过程变得顺利。

人是有感情的，如果顾客真的认为你已经很为他着想，已经在尽力帮助他，那么他是不会让你为难的。比如，当顾客不满地表示："才打 9 折，太少了。"我们可以说："刘小姐，对不起！这已经是我所能为您争取到的最多优惠了。我们经理本来不肯给这么多优惠的，我告诉他说您是我的朋友，他才勉强同意的。"

☑ 我们可以这样应对 1

导购："刘小姐，我知道您是我们的老顾客，您也知道，我们的价格都非常实在，而且质量又有保证，这也是我们有很多老顾客的重要原因。我们一直都很重视老顾客的看法，希望你们对我们的品牌更加满意。要不这样吧，我向店长争取一下，送您一些赠品，刚好您装修可以用上，您觉得怎样？"

❖ **点评：**面对老顾客的优惠要求，我们应该先向他们表明这个价格已经非常实在，然后为表示自己对老顾客的重视，主动帮助顾客向店长申请赠品，以让老顾客获得心理上的满足感。

☑ 我们可以这样应对 2

导购："刘小姐，瞧您说的，您那么支持我们，可以优惠的话我们会不给您优惠吗？只是价格方面的确没有办法再优惠了，我们所给您的 8 折已经是最低价了。您看看我们的销货记录，是不是只有像您这样的老顾客才能享受这样的折扣？"

❖ **点评：**销售小工具，例如销货日报表等，对导购而言是非常有用的，它可以非常有效地消除顾客的怀疑心理，让顾客更相信导购所说的话。

大讲堂 57

我是老顾客介绍来的，可以优惠多少

☒ 应避免的错误

1. "不好意思，我们这里不讲价的。"

❖ 点评：这样回答不仅直接拒绝了顾客，而且无视了老顾客的存在，相当于把新老顾客同时推出门外。

2. "没办法，我们这里对老顾客也是这个价格。"

❖ 点评：这句话的潜台词是：老顾客都是这样的价格，新顾客就更不用说了，买不买你自己看着办。这样的态度，顾客凭什么要在你这里消费？

3. "我们这里是公司统一定价，我没办法给您优惠。"

❖ 点评：这是把公司拿出来当挡箭牌，用规定来拒绝顾客，显得不近人情。

4. "老顾客介绍您来，没和您说过我们这里不讲价的吗？"

❖ 点评：这种反问的语气听起来像质问一样，让人极为不舒服。

做生意的人都知道老顾客是非常重要的资源，是最值得维护和关怀的伙伴。要维护好老顾客的关系，对于其介绍过来的朋友也一样要给予足够的重视。只有这样，老顾客才会源源不断地介绍新顾客给我们。

老顾客肯介绍自己的朋友来光顾，是对我们的信任和支持，我们要为其提供特别的服务和优惠，让老顾客在朋友面前显得特别有面子，这样老顾客才会愿意持续带新顾客上门。当顾客以自己是老顾客介绍过来的为由要求优惠时，在条件允许的情况下，价格上能让步就让步，即使没办法，也要用赠品、积分等方式来表示对老顾客的友好。

☑ 我们可以这样应对 1

导购："您是刘小姐的朋友？刘小姐人漂亮，身边的朋友也是一个个都很漂亮。您放心，对于老顾客介绍来的朋友，我们的价格肯定是最优惠的。刘小姐之所以愿意那么支持我们，就是因为我们的价格实在、质量有保证。来，您看我们这款沙发……"

❖ **点评：** 适当地赞美顾客可以获取他们的好感；向顾客表明我们的价格一直公道实在，可以控制顾客的杀价底线；把握时机邀请顾客再次体验产品，因为只有顾客对产品产生了购买兴趣，谈论价格才有意义。

☑ 我们可以这样应对 2

导购："您是刘小姐的朋友？刘小姐可是我们的常客了，真的很谢谢她这么支持我们的工作，还把您介绍过来。刘小姐可能没和您提起，我们这里都是明码标价，价格上我没法再给您更低了。不过，既然是刘小姐介绍来的，我向店长申请一下，看看能不能送些赠品给您，您看怎么样？"

❖ **点评：** 对老顾客的介绍表示感谢，容易让顾客感觉到导购的诚意；我们还可以以委婉的口吻假借老顾客之口暗示没有谈价空间，这样更容易让顾客接受；为顾客申请赠品，既可以表明对老顾客的重视，也可以表明对其本人的重视，是个拉近与新顾客关系的好方法。

大讲堂 58

我都来了好几趟了，再给打点折吧

☒ 应避免的错误

1. "真的没有办法，能卖我早就卖您了。"

❖ 点评：顾客原本因为多次前来已经感觉没面子，这样回答会让顾客更感觉自讨没趣，从而会放弃购买。

2. "不好意思，这是公司规定的价格，我也没办法。"

❖ 点评：这样回答默认了顾客价位过高的想法，对接下去的销售十分不利。

3. "您看您最后还是回到我们这里来了，我都说过了，我们这个价格是非常实在的。"

❖ 点评：这种回答带有讥讽和调侃的语气，会让顾客没面子甚至反感。

这样的顾客属于典型的"回头客"。对于回头客，导购在接待时要积极主动，促进其产生购买行为。有些导购会觉得，这些来了多趟又犹豫不决不能下定购买决心的顾客太过于谨慎，与他们讨价还价很累。其实，顾客能为了一件产品多次"回头"光顾，说明他对该产品的确非常喜欢，而顾客越喜欢，在讨价还价时对我们就越有利。

对于三番五次来我们店里的顾客来说，每次看了都不买，他们自己也会觉得不好意思，在讨价还价的时候底气多少有些不足。对此，一方面我们不要给顾客太大的心理压力，尤其不要在言行举止中对其有不耐烦、不屑的表现，而应以始终如一的热情态度和真诚自然的语气来与其沟通，排除顾客心理上的不安；另一方面，我们应再次强调该产品的价值和利益，充分调动顾客的购买兴趣。在必要的时候和条件允许的情况下，我们可以做出适当的让步，比如附送赠品等。

☑ 我们可以这样应对 1

导购："大姐，我看得出来您很喜欢这款橱柜，我也是真心想卖给您，但是价格上我真的没有办法再优惠了。您看，我输入您说的这个价格，电脑系统里根本就开不出票来，低于我先前给您报的价格是不能销售的。"

❖ **点评：**首先用事实向顾客表明价格的确是最低价，让顾客清楚确实是没有降价的空间了；接着向顾客再次说明产品能带给他的利益，促使顾客下决心。

☑ 我们可以这样应对 2

导购："是啊，我之前跟您聊过几次，非常清楚您的诚意。所以，我专门打电话给我们经理来请示这件事。我们经理也说之前给您的价格已经是最低的了，我就一再跟他强调您的购买诚意，经理这才同意送您一款价值×××元的×××。您看这样可以吗？"

❖ **点评：**运用"攻心法"，让顾客感觉到我们确实是在为他着想，为他争取最大的利益，以化解顾客要求更多优惠的攻势。人是有感情的，如果顾客真的认为你已经很为他着想，已经在尽力帮助他，那么他是不会让你为难的。

大讲堂 59

我不要赠品和积分，给我折算为折扣吧

☒ 应避免的错误

1. "不好意思，我没这个权限。"

❖ 点评：这样回答只告诉顾客结果，而不告诉顾客理由，难以说服顾客，而且会让顾客心里不舒服。

2. "不可能，我们的赠品是拿来赠送的，没办法抵现金来用。"

❖ 点评：这样拒绝过于简单化，而且语气太强硬，会给顾客强烈的挫折感，从而导致顾客的不满。

3. "您可真会算啊。"

❖ 点评：很明显，这种说法会让顾客感觉你是在讽刺他。

赠品或积分是一种常见的促销手段。但对于顾客来说，通常会觉得赠品或积分远不如实实在在的价格折扣划算，因此会提出不要赠品或积分，而要求直接打折。

对于顾客这种不符合公司规定或不合理的要求，导购要学会拒绝。拒绝顾客是一门艺术，简单粗暴的拒绝只会赶走顾客。在拒绝顾客的时候，我们一方面要照顾到顾客的面子，另一方面要积极引导顾客，引领顾客朝着成交的方向走。很多时候，顾客之所以不想要赠品，除了觉得价格折扣更为实在之外，还有一个关键的因素是因为不了解赠品的价值及其所能带给他的利益，因此我们要像介绍产品一样介绍赠品，让顾客明白赠品的好处。如果赠品能和产品配套，可以拿出来现场示范，让你的推介更具有说服力。

☑ 我们可以这样应对 1

导购："真的很抱歉，这次同以往的优惠活动不同，送的赠品是公司用来回馈顾客的礼品，相当于额外送给您的礼物，所以是不能抵成折扣的。如果您仔细计算一下，就会发现赠品比折扣更为划算。您看，这款×××，单卖价格是×××元；而您买的这款×××，价格已经非常实惠了，就算再打九折，也才便宜不到×××元。而且×××也是我们居家过日子能经常用得到的，能免费拿到真的是很划算。"

❖ 点评：导购要向顾客解释清楚赠品和折扣的关系，说明不能换算为折扣的原因。只有让顾客充分认识到接受赠品比折扣更为划算，而且赠品非常实用，才能彻底打消顾客赠品换折扣的念头。

☑ 我们可以这样应对 2

导购："小姐，请允许我向您解释一下，其实这些积分是很有用的，就像信用卡积分一样，当我们公司推出活动的时候，您可以凭借积分来换取赠品或者抵现金用。"

❖ 点评：导购可以通过类比的方式，向顾客说明积分的价值，以让顾客接受。

☑ 我们可以这样应对 3

导购："真不好意思，我们的赠品和积分都是额外赠送给顾客的，确实没有办法换成折扣，这一点还请您谅解。不过，这次我们的赠品非常丰富，而且有几个我觉得非常实用，我拿来您挑选一下，看看哪个更合适吧！"

❖ 点评：无论是产品还是赠品，只要顾客明确了解了它们所能带给自己的利益，他们的顾虑就会打消。

大讲堂 60

促销也不见得便宜，你就再优惠点吧

☒ 应避免的错误

1."这是促销产品，已经是最低价了。"

❖ 点评：这样回答只告诉了顾客结果，而不告诉顾客原因，很难消除顾客的异议。

2."不是吧，促销品还讲价？"

❖ 点评：这种质问的语气会让顾客感觉难堪，一些较为敏感的顾客甚至会觉得你是在嘲笑她，从而与你发生矛盾。

商家在做促销活动时，通常在价格上已经给了很大的优惠，是不能再讨价还价的。大多数顾客对这点还是清楚并理解的，然而有些顾客却不管是不是促销，还是一再讨价还价。对于这样的顾客，很多导购都感觉很无奈，因此会生硬地回绝顾客，甚至对顾客不予理睬。这种做法是非常错误的。

即使非常不愿意接待这样的顾客，你也要晓之以理、动之以情，要让顾客明白，不是我们不给他优惠，而是因为这个价格已经是底价了；同时，更要让顾客清楚地意识到，产品的性价比非常高，其价值远远高于价格。

☑ 我们可以这样应对 1

导购："小姐，不好意思，这套家具我们平时都是卖 9988 元的，这次因为我们十周年店庆促销才会卖 6688 元这么便宜，实在是没有办法再少了。现在不买，等后天店庆活动结束了，6688元这个价格也不可能再有了，到时要再买就得多花几千元了。"

❖ 点评：如果只是和顾客说，价格已经最低了，不能再优惠了，顾客可能会不相信；但这么明确具体地把之前的价格和现在促销的价格进行对比，顾客心理就会踏实多了。

☑ 我们可以这样应对2

导购："小姐，您放心，能优惠我肯定会给您优惠的。您也知道，这次国庆节，我们的促销力度非常大，您看的这款沙发现在才七折，多实惠啊。等国庆一过，就没有这么低的价格了。而且，这款沙发我们卖得非常好，现在只剩下三套了，刚刚在看的那个顾客也已经去交款了。"

❖ 点评：处理价格异议时我们可以使用"机会不再法"，就是告知顾客"过了这个村就没有这个店"，以达到刺激顾客购买的目的。比如可以告诉顾客，如果不买的话，过几天会涨价。

大讲堂61
打折这么厉害，是不是有什么质量问题啊

☒ 应避免的错误

1."不会啊，质量和正价商品都是一样的。"

❖ 点评：遇到对促销产品的质量心存疑虑的顾客，简单地向顾客打包票无法消除顾客的顾虑。此类平白的说辞，缺乏说服力。

2. "您放心，我们是大品牌，不会有问题的。"

❖ 点评：没有正面回应顾客的异议，缺乏针对性。

3. "有质量问题的产品我们是不会拿出来的。"

❖ 点评：这种说法太过绝对，除非你能保证每一件产品都没有质量问题，否则你只会失信于顾客。

物美价廉是每一个消费者所期望的事，但是，有另外一句俗语，那就是"便宜没好货"。因此，遇到商家打折时，有些顾客便会觉得便宜没好货，一定是这些商品的质量有问题。作为导购，我们要及时地纠正顾客的这种想法，让他清楚地了解我们打折的真正原因；紧接着，我们要用打折促销鼓励顾客立刻购买，让对方认识到现在买可以得到的好处。

在向顾客释疑时，我们必须充满自信。美国的推销高手谢飞洛说："自信具有传染性。推销员有信心，会使顾客自己也觉得有信心。顾客有了信心，自然能迅速做出买的决策。如果推销员没有信心，会使顾客产生许多疑虑，顾客会犹豫：我现在买合适吗？"

☑ 我们可以这样应对

导购："您有这样的疑虑我很理解，而且刚才有位顾客也向我们提出了相同的问题。是这样的，我们这个品牌今年刚好创立十周年，而且又赶上我们店庆，双庆合一，折扣的力度才会这么大。要是平常，您看的这款产品的价格比现在要高30%呢。另外，我们的双庆活动到这个月底就结束了，您要是有喜欢的可得抓紧时间购买啊。"

❖ 点评：向顾客解释清楚促销的原因，才能打消其在品质方面的顾虑；告诉顾客"活动即将结束"，则可以营造紧张气氛，从而使迅速完成交易成为可能。

大讲堂 62

懒得再讲价，你直接说最低多少可以卖

☒ 应避免的错误

1. "不好意思，这已经是最低价了。"

2. "真的没办法，如果可以我早就给您便宜了。"

3. "这个价格已经不能再低了。"

❖ 点评：这三种应对都太过生硬。即使确实已经给了顾客底价，也不能这么直接地回绝顾客。

销售的过程其实就是一个攻心的过程。俗话说"买的没有卖的精"，顾客买东西时总会担心卖家的价格有水分，总希望能打探到我们的价格底线，砍掉的越多就越有成就感。在经过一番激烈的讨价还价之后，即使没有谈价空间了，但是有些顾客仍然要作最后的努力："我也懒得再讲价了，你说吧，最低多少肯卖？"其实，这种"强势"是顾客在变相示弱。

面对顾客的讨价还价，导购要结合顾客的身体语言，在与顾客交谈的过程中准确地判断顾客的喜爱程度，并且采取积极有效的应对策略，让顾客最后下定决心购买。如果处理不当，即使我们给了顾客很低的折扣，交易依然难以达成；相反，如果处理得当，可能根本不需要为顾客让价打折，顾客也会满心欢喜地与我们达成交易。

☑ 我们可以这样应对 1

导购："小姐，现在家居建材市场都很透明，这个价格实在是没法再降了。而且我敢保证，我们的家具在用料、做工上即便不算最好起码也是最用心的，您买了一定不会后悔的。"

❖ 点评：顾客既然"强势"，我们导购不妨适当地"示弱"，让顾客内心的满足感得到瞬间的提升，以顺利推进销售过程。

☑ 我们可以这样应对 2

导购："小姐，这款灯具真的非常实惠，而且我看您是真心想买，所以跟您讲的也都是实价，我拿我们的入库清单给您看，真的不是我不愿让步，再低的话就真的赔本啦。"

❖ 点评：作为导购，销售产品不单靠一张嘴，我们还有很多小道具可以利用，比如入库清单等。这些小道具会让顾客认为我们所言非虚，觉得已经探到了底价。

大讲堂 63

就 8 折，不行我就去其他家买了

☒ 应避免的错误

1. "真的没办法，如果可以我早就给您便宜了"
2. "不好意思，不能再低了"

❖ 点评：这两种说法都是在向顾客传递 "不可能"这样一个强烈的负面信息，会让顾客有挫败感，觉得你一点儿面子都不给，从而导致双方产生矛盾。

"我也懒得再讲价了，8 折吧，不然我就去别家了。"一番激烈的讨价还价之后，经常会有顾客使出这样的杀手锏。顾客买东西总会担心卖家的价格有水分，总希望能探到底价，这也就导致顾客产生了一种"对价格表示异议"的自然反应。

其实，顾客对产品价格的关注程度越高，就表明他们对产品的兴趣越大。表面上看，"就这样，8折，不行我就去其他家买了"这样的话语是顾客在给我们下最后通牒，其实顾客只是对价格心有不甘。说是不再便宜就走人，其实只是想给导购压力。能找到自己满意的产品并不容易，又讨价还价了那么久，怎么可能轻易就放弃？顾客花时间和精力同你讲价，表明他对产品有强烈的购买欲望。这种情况下，我们可以亮出自己的"底牌"，即通过亮出我们可以退让的底线，让顾客觉得这种价格在情理之中，买了也不会亏。让价时，我们应站在顾客的立场上，让顾客感到我们是在处处帮他说话，从而加强其对我们的信任。

☑ 我们可以这样应对1

顾客："我也懒得再讲价了，8折吧，不然我就去别家了。"

导购："陈总，现在市场都很透明，这个价格实在是没法再降了，再降我就只能自己掏腰包补差价了。咱们装修房子，最在意的就是产品的质量，这样一套整体家具，一用就是十几年甚至几十年，如果质量不好，没用多久就要这修修那补补的，不光费时费力，而且也会影响到家里的整体格局，生活品质都会下降。我们的产品……（介绍产品的优势）买了一定不会让您有一丁点儿的后顾之忧。"

❖ **点评：**摊出底牌，博取顾客的同理心；通过一定的场景设计，对产品价值进行一再强调，也会帮助顾客最后下定购买决心。

☑ 我们可以这样应对 2

顾客："我也懒得再讲价了，8 折吧，不然我就去别家了。"

导购："杨姐，我很理解您的心情，我也非常想做成您这单生意。不过您说的这个折扣我实在是没办法做主。不然这样吧，您再稍坐一下，我马上打个电话跟我们老板请示一下，看能不能破个例。"

顾客："好吧。"

导购："杨姐，不好意思，让您久等了。我问过我们老板了，8 折确实给不了，成本再加上运费，8 折的话我们真的是赔本赚吆喝了。不过，我再三请求之下，老板特别准许从 88 折降到 85 折。您看，能争取的我都争取了，85 折真的已经是底线了。"

❖ **点评：**要让顾客看到你为他的利益付出了十分甚至十二分的努力，你的表情越为难，顾客的信任感就会越强烈。

大讲堂 64

买这么多也不打折？那我一件也不买了

☒ 应避免的错误

1. "您自己看吧。"

❖ **点评：**这种回答跟"爱买不买"是一个套路，只会让顾客甩手离去。

2. "真的没办法，如果可以我早就卖了。"

❖ **点评：**这样的应对语言较为苍白，缺乏足够的说服力。

3. "这是公司的规定，我也没办法。"

❖ 点评：这是拿公司当挡箭牌，对销售不会有太大的推动作用。

大多数人都有这样的消费心理：我买一件你不便宜也就算了，我一下买了两三件甚至更多件，再不给我打折就不合情理了。

顾客习惯性地认为"量大从优"，认为自己买了多件，应该享受价格上的利好（优惠），然而你却告诉他没有优惠，他当然不愿意了。其实，遇到上这种希望"量大从优"的顾客，我们首先要做的就是平复顾客的不满情绪，对顾客的异议表示理解；然后再围绕产品的独特卖点、定价策略、售后服务等方面去解释，以取得顾客的认同与理解；最后，还可以适当地做些让步，比如送点礼物或者争取一点小折扣等，只要顾客看到我们在为他争取利益，心中的怨气就会慢慢消失。

☑ 我们可以这样应对 1

导购："小姐，您的心情我完全可以理解，如果我是您的话，也会认为多买就应该多享受点折扣。不过，您来过我们店里好几次了，肯定也清楚，我们的产品样样都是高品质，并且我们定价都是非常实在的，就是想让每一位顾客不用为价格问题费那么多口舌，所以还要请您多理解和支持我的工作。不过，考虑到您的购买诚意，这样吧，我再送您一套实用的厨具，您看成吗？"

❖ 点评：向顾客简要地介绍品牌的定价原则，让顾客知道没有折扣不等于没有得到实惠。最后，以个人名义奉送小礼物，既可以让顾客看到你的诚意，也可以让他的内心得以平衡。

☑ 我们可以这样应对 2

导购："这几款产品都特别适合您，少了哪一个都很可惜。这样吧，我尽力帮您申请看看，请您稍候一下（向老板申请，让顾客知道你在为他解决问题）。小姐，实在非常抱歉，价格上我们确实没有办法优惠啦，不过我们老板决定送您一个赠品，算是感谢您对我们店的支持，一份心意，还请您收下。"

❖ 点评：让顾客看到你是在尽力帮他争取利益，即使最后没能争取到，顾客也更容易妥协。

大讲堂 65
买了那么多，送我点东西总可以吧

☒ 应避免的错误

1. "不好意思，我们没有赠品。"

❖ 点评：这等于是直接拒绝了顾客，顾客会认为你没有考虑他的感受，可能会影响顾客的购买。

2. "这不行，如果给您了我自己要赔的。"

❖ 点评：虽然这是事实，但是顾客听了会觉得你只考虑自己，没有替他争取利益的意识。

3. "这个茶几3800元，如果您要买，我可以优惠点给您。"

❖ 点评：这是在给自己制造麻烦，顾客要购买的产品的价格问题都还没解决呢，这样会带来新的价格异议。

顾客买东西，总希望以最小的成本获取最大的价值，既然产品本身没有办法争取到更低的价格，那就要求你再多送点什么。这是人们普遍的购物心理，也是导购在日常接待中经常遇到的场景。

当顾客提出加送赠品的要求时，我们要分析顾客对赠品的喜好程度，究竟是真的喜欢这个产品，还是只是为了得到好处而随便要个东西。如果顾客非常喜欢，首先赞美顾客的眼光，然后在条件允许的情况下尽量为顾客争取，满足顾客的需求。如果真的没有办法，要向顾客说明情况，寻求顾客的谅解，或者可以强调赠品的价值，推荐顾客购买，实现连带销售。

☑ **我们可以这样应对**

导购："小姐，不好意思，我们的产品都是明码标价的，暂时还真没有什么可以送您的。您看这样行吗，这套茶具我们的零售价是 380 元，我按半价卖给您，希望您日后能为我多推荐些顾客。"

❖ 点评：条件允许的情况下，应尽量为顾客争取利益，以取得顾客的信任与支持。

第五章

当临近成交遇到这样的状况时

大讲堂 66

我们不需要买这么好的

☒ 应避免的错误

1. "没关系，那我给您挑件便宜的。"

❖ 点评：首先，顾客并不是说不想要好的产品，也不是买不起，这有可能只是顾客想要更多优惠的一种策略。就算顾客确实想要买便宜点的或者普通点的，导购用如此直白的语言表达也是非常不妥，很容易刺激到敏感顾客的自尊心。

2. "这算什么好的呀，那边还有更好的呢。"

❖ 点评：毫无疑问，这样的回答透出一股傲气，结果只能是引发和顾客之间的争吵。

同样是马桶，便宜的几百元，贵的却要上万元。对于很多顾客而言，如果要让他说出二者的区别，那答案很可能只是"除了价格，看不出什么区别"。终端销售之所以需要导购，就是要通过沟通，让顾客明白几百元的马桶和几万元的马桶的区别在哪里。

作为导购，首先要明白我们不仅仅是在卖产品，最重要的是在"卖好处"。现在人们的生活节奏都非常快，顾客真正关心的是我们的产品能够给他带来哪些利益，抓住利益就相当于抓住了顾客的心。

顾客之所以提出没有必要买这么好的产品，可能有两个原因：一是作为讨价还价的一个借口，对于这种情况，我们应该顺着顾客的思路进行说明，功能这么全、这么好的产品才卖这个价格已经很实惠了，然后强调产品的这些功能、优点及其能够带给顾客的利益，让顾客强烈意识到自己对产品的需求；二是顾客的真实想法，也就是说，顾客没有购买这么好的产品的预算。针对第二种情况，可以转而介绍价格符合其要求的产品，但是一定要注意措词，千万不能让顾客觉得你是在瞧不起他。

☑ 我们可以这样应对 1

导购： "小姐，您真是很有眼光，这款产品是我们今年新推出的款式，功能也更全，质量也更好。市面上同等质量的产品的价格都不会低于×××元。不过您来得巧，今天是我们周年庆活动的最后一天，这么好的一款产品现在只要×××元就可以搬回家，真的是太划算了。而且每天下单的前十名顾客我们还会附赠一台×××，单买也要300多元呢。这还没到中午，名额就还剩最后2个了。要不我现在就帮您开单子？"

❖ **点评：** 先夸赞顾客的眼光，同时再次强调产品的性价比，以激发顾客的兴趣；接着，借促销活动的时限营造紧张的气氛，帮助顾客迅速做出购买的决定。

☑ 我们可以这样应对 2

导购： （通过沟通得知顾客经济实力一般）"是的，大姐，那么多功能用不上确实也是种浪费，来，我给您介绍几款经济实惠的，保证让您满意。"

❖ **点评：** 顾客确实没有这个预算，就没有必要过分推销，而应适时地转向推介其他更符合顾客需求的产品。

大讲堂 67

我还是感觉你们的价格太高了

☒ 应避免的错误

1. "那我也没办法了，我给您报的已经是最低价了。"

❖ 点评：这么说对于解决顾客的异议毫无帮助。

2. "这个价格还嫌高啊！"

❖ 点评：这种回答是与顾客对抗的表现，它的潜台词就是"嫌贵了你就别买，我不强迫你买"。

有时候顾客对产品的确表现出满意了，我们也和顾客谈了好久，甚至让顾客明白其实我们的产品已经是难得的物美价廉了，可是最后顾客还是说了句"我觉得这个价格还是太高了……"

当顾客提出价格异议时，我们首先要明确顾客的动机。顾客讨价还价的动机有很多，有的是对产品的价值把握不准，害怕买贵了吃亏；有的是购买力真的有限，希望通过还价来弥补缺口，省一点是一点；而有的则是习惯性地压价。

摸清顾客还价动机的一个最简单的方法，就是通过开放式的提问，引导顾客说出对价格存有异议的原因。例如：

"您觉得价格太高的原因是什么呢？"

"您觉得合理的价格应该是多少呢？"

"对于价格方面的因素，您是如何考虑的？"

"您是觉得产品质量更重要呢，还是价格低一点更重要呢？"

……

当顾客说明原因之后,我们就要有针对性地予以解决。

如果是因为顾客对产品的优点没有深入的了解,我们应该就自己的阐述不周表示歉意,然后再做进一步的说明;

如果顾客真的是支付能力有限,我们就应该用顾客可以接受的委婉方式,转而介绍一些更经济实惠的产品;

而对于那些习惯性压价的顾客,则应该晓之以理、动之以情,让他们主动打消无底线地讨价还价的想法。

☑ 我们可以这样应对 1

导购:"李先生,是我做得不好,没能把产品的优势给您解释清楚。您看,我们的五金采用的是×××工艺,保证永远不变色,而玻璃用的是×××,它……。光听我说您可能也不会完全相信,您可以自己比较一下。这是价位稍低一点的一款,两种不同价位的一对比,您就知道这一款贵一些也是贵得有道理的。"

❖ **点评:** 导购拿便宜一点的产品来给顾客做对比,顾客自然而然地就会更倾向于自己已经看中的产品了。

☑ 我们可以这样应对 2

导购:"李先生,您的眼光真的很独到,一下就看上了我们今年主推的这款×××。它用的是新型的材料和工艺,所以价格相对而言就贵了一些。不过,相同风格的我们这里还有好几款,您看这件,它从外观和功能而言,绝对不逊于刚才那款,但是价格却实惠得多。"

❖ **点评:** 判断出顾客确实是对产品的价格无法接受时,明智的导购一定要委婉地将顾客的关注点转移到相对便宜的产品上去。一定要让顾客觉得你转而介绍的这款不但价格更具优势,而且其他方面一样能满足顾客对产品高品质的要求。

大讲堂 68

我还是等等看吧，说不定国庆打折呢

☒ 应避免的错误

1. "其实现在也有优惠啊，我可以给您九五折。"

❖ 点评：来得太容易的折扣反倒会让顾客觉得还有更大的杀价空间，这种主动让价的行为会让你过早地陷入讨价还价的被动局面之中，更无益于化解顾客的异议。

2. "您还是别等了，我们国庆不会有什么优惠活动的。"

❖ 点评：这样的对应一定要建立在事实求是的基础之上，否则只会失信于顾客。

现在很多商家动不动就推出打折促销的活动，顾客买东西也学会了挑日子。明明是看中的产品，却盘算着过个十天半月就是节假日了，到时候说不定能便宜很多。

当顾客提出这样的异议时，导购应以理解的心态去看待这个问题。但是不能因为理解就放弃这个顾客，而应引导顾客，让顾客明白此时买是适宜的，买我们的产品是值得的。如果我们不抓住顾客感兴趣的时机促成交易，难保顾客不会改变主意。

在说服顾客的时候，我们不要把重点放在价格优惠上面，而是放在对方的利益点上，表示现在购买对他是最有利的，同时告诉顾客过一段时间再买的话可能会发生的损失，如"即使国庆有打折，可是也不一定能挽回装修停工的损失""现在我可以为您争取一定的折扣，国庆具体有没有促销活动还是个未知数"等。此外，如果在说服顾客的时候能举一些有代表性的例子，比如某个顾客曾经因此错过机会而感到遗憾等，也可以让顾客产生紧张感，从而尽快做出购买决定。

☑ 我们可以这样应对

顾客："太贵了，还有不到十天就国庆了，我还是等那时候再看吧，说不定会有更多折扣呢。"

导购："这位先生，您的心情我能理解，毕竟现在逢年过节的促销活动还是挺多的。但是，等待的过程中毕竟会存在很多的未知数。前几天我一个顾客就来抱怨说，他四月中旬的时候看中了一款卫浴产品，打算'五一'促销的时候再买，结果等到'五一'竟然卖断货了，害他不得不重新挑式样，差点误了装修的工期。"

顾客："真的吗？可别到时候真的买不到合适的，耽误了孩子的婚期可就麻烦了。"

导购："先生，我看您也是很有诚意买我们的产品，不如这样，您看中的这几样产品可以先交一部分定金，等到做活动的时候如果有更低的折扣价，我们就按那个价格来走单。其实您大可放心，我们的产品一般都不会有多少折扣的，那样我们对新老顾客都不好交代。您想想看，如果您头几天来买一个价，过一段再来看又是另一个价，嘴上不说心里也一定会不舒服的，您说是吧？"

顾客："嗯，这个主意听起来不错。那就这么定吧。我要一台××，一套××，还有一套×××。你看需要先付多少定金？"

❖ **点评：**讲述别人的小遗憾，既可以使顾客及时地做出购买的决定，又可以让顾客在细微处体会到导购的良苦用心。

大讲堂 69

我先逛逛，考虑一下再决定吧

☒ 应避免的错误

1. "不用考虑了，这套真的很适合您。"

❖ 点评：这样的应对语言太过于强势，容易让顾客认为这是给他施加压力，从而产生逆反心理。

2. "我们正在做促销，现在买很便宜。"

❖ 点评：如果顾客不喜欢产品，价格再便宜也没有意义。

3. "现在不买，可能过会儿您再回来的时候就没有了。"

❖ 点评：导购可以适当地给顾客营造压力，但要注意分寸，不要有"危言耸听"的成分存在。

面对导购提出的成交请求，一些没法马上做决定的顾客常常会说："我先逛逛，考虑一下再决定吧。"通常顾客说这句话的时候，并非不喜欢这件产品，而是没有办法立刻下决定，简单来说，就是对这件产品的喜欢程度还不够深。这时候，如何有技巧地说服顾客就显得尤其重要。如果轻易放过这位非常有意向的顾客，那就是导购的失职了。

顾客既然肯在这款产品上花时间，肯听导购的长篇推介，就说明产品的某个方面对顾客是有吸引力的，或者是款式，或者是色彩，或者是让顾客联想到了什么；但是顾客最后却表示要"考虑一下"，则说明一定是哪个方面的顾虑阻碍了顾客做出购买决定，或者是对服务不够满意，或者只是因为没有那么高的预算等。作为导购，该如何获知顾客的顾虑呢？毫无目的地询问，会显得唐突；有针对性地提问才能让顾客感知到导购的用心。那么怎样才能做到有针对性地提问呢？这就要求导购在顾客进店后要注意观察，只有将顾客的一些动作、表情全都看在眼里，才能判断顾客大概是因为哪个原因而有所迟疑，从而在跟顾客做进一步沟通时才能更有效、更顺畅。

☑ 我们可以这样应对 1

导购："我感觉您还是挺喜欢这张实木床的，而且您可能也注意到了，床体这个部分的倾斜设计，充分考虑到了像您这样初为人母的年轻妈妈们担心宝宝掉下床的心情。您是对哪里不太满意呢？"

❖ **点评：**导购一定要对顾客的每一句话、每一次举手投足都给予充分的重视。通过观察、分析，再次提醒顾客这款产品是多么适合他，然后再询问顾客不能马上购买的原因，这样顾客更容易说出自己的心里话。

☑ 我们可以这样应对 2

导购："小姐，您稍等下，我们正在做店庆活动，特地为每位进店的顾客准备了一份小礼物，这只不锈钢保温杯送给您。您对刚才的产品不是很满意，是吗？我看您的眼光非常独特，不知道您家的装修采用的是哪种风格呢？哦，原来是刚才那款产品的颜色跟您家的整体色彩不搭，是吗？这就是我的失职了，我没能让您及时了解到我们这款产品其实还有好几个颜色。而且，如果您有什么特别的要求的话，我们工厂也是可以提供订制服务的，您看这是图册。"

❖ **点评：**先用小礼物留住顾客，再做进一步的了解，让顾客说出阻碍自己购买的具体原因。顾客能够多留在店里一分钟，你就多了一分钟的时间来了解他的需求、引导他的需求、满足他的需求。

大讲堂 70

我回去和家人商量一下再说吧

❎ 应避免的错误

1. "好啊，你们商量好了再来吧。"
- ❖ 点评：不管顾客是不是真的要和家人商量，如此放任顾客自行离去，很有可能会就此失去一次交易机会。

2. "好货不等人，等商量好了就不一定买得到了。"
- ❖ 点评：有些顾客会怀疑你如此着急让他购买，是不是中间有什么猫腻？从而会更小心谨慎，拖延决策的时间。

3. "买个橱柜而已，还需要和家人商量什么，厨房还不是女人说了算。"
- ❖ 点评：每个人的家庭情况都不一样，不要以自己的思维或想法去衡量顾客。

当顾客提出要和家人商量商量再做决定的理由时，通常会有以下几种可能：一是以此为挡箭牌，好推迟时间再作打算；二是重视家人的感受，真的是想参考家庭成员的意见；三是可能该顾客在家里没有决策权，需要征求家人意见。

面对这种状况，导购首先要对顾客的做法表示理解，再通过询问或者其他方式了解顾客的真实想法。能够直接说服顾客做出购买决定是最好不过的，如果顾客确实坚持要和家人商量后再做决定，那么我们也不要强留顾客，而要给顾客留下一个好印象，否则，不但今天没机会，日后也一样没有机会。

☑ 我们可以这样应对

导购："大姐，看得出来，您非常喜欢这套沙发，而且我也觉得这套沙发应该很适合您家的装修风格。您说要和老公商量一下，我能理解，像沙发这种大件家具，一用就是很长时间，如果家人不喜欢，也确实是个大问题。只是我担心自己是不是有哪些方面解释得不清楚？我还是个新人，所以想请教您一下，您不能马上决定、打算再商量一下的主要原因是什么呢？是款式、颜色还是……？"

❖ 点评：当看到你没有强买强卖的意思时，顾客一般会说出他们的疑虑，导购应就此作出解释，以打消顾客的疑虑，引导成交。

大讲堂 71
当客户滔滔不绝却对购买事项只字不提时

☒ 应避免的错误

1.直接打断顾客的话，生硬地转入购买问题。

❖ 点评：这种生硬切换的做法十分错误，很容易伤害到对方的自尊心，同时更会降低顾客继续交谈的热情。

2.逐渐表现出不厌其烦的样子，心不在焉或左顾右盼，或者干脆开始和其他人聊天。

❖ **点评：** 这种做法同样是不尊重顾客的表现，且容易伤害对方的自尊，也有可能激怒对方，令顾客拂袖而去。

3. 任由顾客自己侃侃而谈，直到顾客说完再开始说正题。

❖ **点评：** 任由顾客说下去，虽然能够满足顾客的表达欲望，却浪费了大量的时间，对整个推介过程无益，更坏的结果是让顾客认为你没有掌控全局的能力。

作为服务在第一线的导购，我们所面对的客户形形色色，各种性格的顾客都有，比如有些顾客在沟通中总是滔滔不绝，但却绝口不提购买的事。

这种侃侃而谈的顾客一般都性格爽朗，喜欢与人打交道，表现欲通常很强，只要遇到感兴趣的话题或者聊得来的对象，就会口若悬河说个不停，到了最后说的往往会离题千里。这类顾客之所以对购买问题避而不谈，原因可能有两个：一是可能对正在谈论的话题太感兴趣以至忘了原来的谈话目的；二是想凭自己的好口才来掌握谈判的主导权。

对于第一种情况，我们应学会把握谈话的节奏，在满足顾客的表达欲望之后，利用顾客停顿或休息、喝水的间隙，及时地将交谈内容拉回正题。

对于第二种情况，我们首先不能因为顾客的口若悬河而自乱阵脚。在判明顾客的心理活动之后，我们要避免浪费太多时间，要在让对方感到满足、获得尊重的同时，及时地控制谈话时间和谈话内容，重新掌握主动权，再根据情况决定是拉回正题还是结束对话。

☑ 我们可以这样应对 1

导购："先生您果真是学识渊博，跟您聊天我学到了不少东西。差点

都把正事给忘了，刚才我们谈到……"（切入正题）

❖ 点评：将谈话拉回正题时一定要委婉，这样才能让顾客将被认同的满足感带到交易中去，才能使之后的交流谈判更为顺畅。

☑ 我们可以这样应对 2

导购："学问好的人见识果然不一般，听您说上几句真是获益良多。您看，我听得太入迷都忘了说正事了，您觉得刚才看的那套家具怎么样？"（切入正题）

❖ 点评：同样的内容，用不同的方式表达，其结果会是天壤之别。作为导购，一定要学会用令人愉悦的方式来与顾客交流沟通。

☑ 我们可以这样应对 3

导购："您说的事真是太有趣了，看我听得都忘了时间，待会我还要去量个尺寸呢，我得开始准备了，希望下一次还能有机会和您聊。"（结束谈话）

❖ 点评：对于以纯闲聊为目的的客户，导购要学会及时喊停。只有这样，才不会浪费过多的时间或者被顾客牵着鼻子走。

大讲堂 72

当顾客的同伴左右了顾客的决定时

❌ 应避免的错误

1. "不会啊，我觉得挺好的。"
❖ 点评：这样的话没有足够的说服力，顾客肯定更乐意相信他的同伴。

2. "不管别人怎么看，自己认为好就是好。"
❖ 点评：首先，这样的话会让顾客的同伴产生不满；其次，顾客也不会不去管同伴怎么看的，否则他们就不会结伴前来了。

3. （对其同伴）"您还是让他自己决定吧！"
❖ 点评：这等于是在责怪顾客的同伴"多嘴"，容易招致对方不满。

当几位顾客结伴进店时，我们对待他们的态度一定不能厚此薄彼，不能因为其中一个要买产品就忽视其他人的存在，要知道，既然是结伴而来，就说明他们还是很看重同伴给出的评价的，得罪了任何一个，销售活动就不可能顺利进行。

那么，是不是陪伴者越多，销售的阻力也就越大呢？其实不然。

首先，赞美结伴的顾客其实要比赞美单独的顾客更有成效。这是因为，与同伴在一起时，人的虚荣心会更强。同样一句赞美，当着顾客的同伴的面说出来，顾客会觉得更开心、更有面子。

其次，导购可以把陪伴者拉到自己的阵营，一同说服顾客做出购买的决定。当陪伴者为顾客挑选产品，我们也觉得不错的情况下，就应当不吝赞美之词，夸奖他眼光独到。当顾客自己挑选了产品并且很喜欢的情况下，可顺着顾客的心思突出介绍这件产品的特色之处，此时陪伴者一般不会否认你的说法。这样，在导购和陪伴者的双重推动下，交易就能更快达成。

☑ 我们可以这样应对 1

导购："这位先生，看得出您在装修方面有很丰富的经验和知识，而且您对朋友也非常用心，能有您这样一位朋友陪着一起买东西真让人羡慕啊。你们是朋友，您肯定更了解他的装修装饰思路，能不能说出来参考一下呢，相信咱们一起，一定能找到最适合他的产品。"

❖ **点评：**把同伴一起拉到销售活动中来，这样他自己参与了，不同意见也就少了。

☑ 我们可以这样应对 2

导购："您能有这么好的朋友当参谋陪着买家居产品，真令人羡慕！您看，他的眼光真的很独到，他帮您看中的这款 ×××……（优点、特色介绍）您觉得呢？"

❖ **点评：**对其同伴的赞美，会让顾客更认同你的介绍。

☑ 我们可以这样应对 3

导购（对陪同者）："这位先生，您一看就是装修方面的行家，我们一起帮助您的朋友挑选一套真正适合他的家具，好吗？

导购（对顾客）："刘先生，您的朋友对买家居建材挺内行的，并且也很用心，难怪您会带他一起来买呢！"

顾客："那是，他以前还从事过装修行业呢。"

导购："这就难怪了，有这样的朋友帮您出谋划策，您的新家一定会很漂亮的。"（转向陪同者）"请问这位先生，您觉得还有哪个地方您感觉不合适呢？您可以告诉我，我们一起来给您的朋友参谋一下，帮助他找到一套适合他家风格的款式，您觉得好吗？"

❖ 点评：不要让与顾客关联的人，或者说与销售活动关联的人，成为你销售活动的障碍。对此，一个最好的办法就是赞美他，获取他的好感；然后，把他拉入到销售活动中来，让他成为你在此次销售活动中的"助手"。

大讲堂 73
当顾客左挑右选了好几款不知如何选择时

❌ 应避免的错误

1. "小姐，您到底想要买哪一款啊？"
❖ 点评：这样的话语透露着不耐烦的意思，顾客听了会不舒服。

2. "这一款不就挺好的吗？"
❖ 点评：这样回答有点替顾客做主的意思。

3. "小姐，您要不要再看看别的几个款式，我觉得也挺不错的。"
❖ 点评：这是在给自己找麻烦，顾客对眼前的几款已经左右为难了，你却还推介其他款，顾客就更难选择了。

当顾客在几款产品之间犹豫不决、不知道该如何选择时，我们要学会引导顾客做决定。我们的时间是有限的，对于一些缺乏主见、犹豫不决的顾客，我们应给予积极的引导，帮助他下定决心。

在引导顾客时，我们不能表现出"越权"的心理。要知道，顾客才是真正的购买者，决定权在他们手中而不是导购，我们只有建议权。因此，为了消除顾客的警戒心理，我们最好使用较为委婉的语言，比如"我觉得""我认为"，这样会让顾客觉得我们只是在说出自己的看法，而不是在强迫他做出某种决定。

有些时候，顾客也会请我们帮忙挑选。这时候，我们就要愉快地接受顾客的请求，尽心尽力地为其做好参谋，根据顾客的要求和实际情况，大胆果断地帮其挑选，千万不要觉得不好意思。要知道，顾客请我们帮忙挑选就是一种信任，我们应抓住顾客的这一心理，将其对我们的信任转移到产品上来。

需要注意的是，在帮顾客做决定时，不能替顾客承担决策责任。不要说"我包您满意""相信我一定没错的"这样绝对化的言语。否则，万一顾客在我们的劝说之下买了，但在使用过程中却发现问题，他就会把责任推到我们身上，认为我们骗了他。

☑ 我们可以这样应对

顾客："你觉得我该选哪款呢？"

导购："小姐，您的眼光真不错，看中的都是我们店里的精品。我觉得这款更好一点，刚才您说您家客厅不是很大，这款看上去简约却很大气，可以从视觉上让客厅显得更大。"

顾客："嗯，有道理，那就听你的。"

❖ 点评：适当的赞美会让你之后的建议更容易被顾客接纳。而为顾客做推介时，要尽量用"我建议""我觉得""如果我是您的话"这样的建议口吻。

大讲堂 74

当顾客明明有购买兴趣却还是犹豫不决时

☒ 应避免的错误

1.不着急，既然他已经动心了，肯定会买的。

❖ 点评：这样消极等待，通常结果就是不能成交。即使最后成交了，可能也多浪费不少精力，从而影响了你的业绩。

2.紧追着顾客让其购买。

❖ 点评：适时地提出成交要求是必需的，但不讲究方式方法地提要求，只会适得其反，反而让顾客更小心谨慎，不敢过早做出决定。

相信大家都碰到过这种情况：你和顾客沟通过程中的每一个环节都做得很好，顾客也被产品与你的精彩推介打动了，可是最后顾客还是空手走出店门。其原因就在于你不敢或不愿意主动向顾客提出成交要求，而是在苦苦等待顾客主动提出购买，结果最终机会离你远去。如果在这种时候，你能够前进一步，有礼貌地对顾客说"我给您开单子吧"，那么此次销售可能就会获得令人满意的结果。记住：我们不能被动地等候顾客说购买，而是要主动建议顾客购买。只有这样，成交的希望才能更大。

有些导购具有主动建议购买的意识，可是结果同样不能让人满意。为什么？其中一个主要的原因就在于他们没有掌握主动建议购买的技巧，采用了一些错误或不规范的建议购买的做法，给顾客造成了压力，从而导致交易失败。

1. 提醒顾客需求

顾客购买的出发点是他有需求，而且你的产品能满足他的需求。有时候，顾客虽然已经表现出了一定的购买意向，但是他们可能仍然还有些犹豫。这时，你应该委婉地提醒其对产品的需求。

要记住，在提醒顾客需求的时候，你要力求抓住顾客最关心的问题，以达到事半功倍的效果。

2. 增强顾客信心

在销售的最后时刻，顾客通常需要别人帮助他下定购买决心。在这关键时刻，你必须让顾客充分了解这种产品能为他们带来什么利益，最好能够强化顾客特别满意的那些优势，以增强顾客的购买信心。

要记住，优点并不等于利益，关键是要把产品的优点与顾客的需求及其能获得的利益相结合，让顾客相信此次购买行为是非常明智的。

3. 巧妙地试探询问

建议顾客购买时最好不要太过直白，避免用那些诸如"我们去交钱吧"之类的比较敏感的语言去催促顾客。因为这些说法很可能会引起顾客的不满，很可能会使顾客在过大的压力之下选择放弃。

试探是一个比较合理的建议顾客购买的方式，它能让顾客更轻松地接受你的建议。只要你认为顾客对产品已经产生兴趣，你便可以试探性地建议成交。如果顾客还没有决定要买，他是会明确告诉你的，这样可以使自己不至于错失良机。

☑ 我们可以这样应对

导购："小姐，这款卫浴产品的材质非常好，款式方面也跟您家的装修风格完全吻合，而且我也感觉到您很喜欢它。肯定是我的介绍不够到位，才让您犹豫了吧？所以能不能请教一下，您现在的主要顾虑是什么？"

❖ 点评：引导顾客说出自己的真正顾虑，导购才能够对症下药，及时地调整自己的导购策略。

大讲堂 75
当顾客看中的商品只剩一件时

☒ 应避免的错误

1. "只剩这一套了，您不要我就没有办法了。"
❖ 点评：这种消极的应对只会把顾客推走。

2. "这款只有这一套了，要不您看看其他款式吧。"
❖ 点评：顾客看中的是这一款，你却建议他转向其他款，那你之前的努力都白费了，又得从头开始推介。

3. "如果有新的，我一定给您，确实没有了。"
❖ 点评：顾客是因为没有挑选的余地而心生顾虑，而你却在强调这套是新的，有些驴唇不对马嘴。

顾客费尽千辛万苦，终于找到了心仪的商品，然而却发现这种商品只剩最后一件了。此时，很多顾客就会开始纠结：都没得挑了，会不会有问题呢？

这其实是一种常见的购物心理，简单来说就是：没有选择，就没有满意。

作为导购，总会遇到某种商品只剩一件的情况，这个时候就要看你的功力了。有的导购会选择退让，给顾客打折或者赠送其他礼品；而优秀的导购却能做到"最后一件商品也不降价"。

要想做到这一点，就需要把握住顾客心理，选择正确的战术：首先，让顾客感到我们并非把挑剩的商品推销给他；其次，强调产品质量有保证，不使其过分疑虑产品质量；最后，向顾客说明正因为这款产品好，大家才会都选它，出现只剩一件的情况正说明了它广受欢迎、质量可靠。

☑ 我们可以这样应对

导购："林先生，是这样的，我们这个品牌走的是精品路线，同款产品的量都不会太大，每款产品到货后都卖得非常快。刚刚您看的这款，确实只有这一套了，您要是再晚来一步，可能连看都看不到。而且这一套是我们早上刚刚陈列出来的，所以您完全可以放心地购买。"

❖ 点评：给顾客营造出一种好货不等人的紧张氛围，在最后时刻推顾客一把，促进交易的顺利进行。

第六章

当遇到顾客来投诉时

大讲堂 76

当顾客情绪十分激动，一进门就大声嚷嚷时

☒ 应避免的错误

1. 不当回事，也没有立刻采取应对措施，或者只是敷衍了事。

❖ 点评：这种做法会令顾客觉得自己不被重视和尊重，致使其怒火有增无减，容易引发更大的矛盾，令场面变得更难收拾。

2. 在门店直接处理问题。

❖ 点评：接待投诉的顾客时，尤其是那些情绪激动的顾客，应该单独找个空间，以免影响到门店中的其他顾客以及其他同事的日常工作。

3. 强硬要求顾客保持冷静，语气或态度粗暴。

❖ 点评：这种以暴制暴的处理方式只会将双方当前的矛盾进一步激化，对问题的解决有害无利。

装修是个耗时耗力的大工程，如果家居建材出了问题，顾客必定会立马寻上门来，并且大都因为心急而导致情绪不稳定或者暴躁。有些顾客甚至会急冲冲进门就大声质问，并极有可能引来其他顾客的驻足围观。当出现这种情况时，应该如何处理才妥当呢？

顾客刚进门或者刚要开始阐述问题时，情绪波动必然是比较大的，言语也会比较激烈，此时我们一定要给顾客一段时间来缓和一下情绪，并对此给予理解，避免与顾客发生冲突。

待顾客情绪较为稳定后，我们要耐心地聆听顾客倾诉，不仅要注意顾客表达的内容，也要注意顾客的语气和神情变化等，以进一步掌握情况。在听取顾客表述的过程中，应及时记录下要点，以准确把握处理重心。了解情况之后，整理得到的信息并向顾客复述，确认是否一致，这同时也展示了对顾客的尊重以及想要解决问题的诚意。在采取任何处理措施之前，我们都要保持良好的态度，无论前来投诉的顾客友善与否，我们都要笑脸相迎、礼貌对待。

☑ 我们可以这样应对 1

顾客："你们这群骗子，家具我不要了，把钱退给我！"（顾客言辞激烈、情绪冲动）

导购："王先生，您先别急，有什么问题我立刻为您解决，这边请。"（将顾客引至会客室）

导购："请先喝杯茶，有什么事慢慢说。"

顾客："慢慢说？气都气死了。"（顾客情绪稍微缓和了一点）

导购："请问是哪方面出了问题呢？"

顾客："……（投诉具体的问题）"

导购："您的心情我能理解，换做是我，说不定比您还紧张呢。但是……"

❖ **点评：**顾客怒气冲冲地闯进来，导购一定要用温和的态度、相对独立的空间给他以缓冲，等到顾客情绪稍微平复了，先对顾客表述的问题表示理解、认同，再分析原因，这样才能以柔克刚，使事情得到完满的解决。

☑ 我们可以这样应对 2

顾客："叫你们负责人出来，你们到底是怎么做事的！"

　　导购："先生，您先别生气，有什么问题我们一定会为您解决的，您这边请，先坐下再说。"

　　顾客："叫你们负责人快点出来，出了事就不管了是吧？"

　　导购："您先冷静下，有什么问题告诉我们，等我们调查清楚之后一定给您好好处理。我们经理暂时有事外出了，您先到会客室休息下，喝杯茶，我现在就通知他回来。"

　　（适当拖延，让顾客先冷静一段时间）

　　顾客："那行。"

　　（告知经理）

　　导购："我们经理正在赶回来的路上，大概 15 分钟之后就到了。您可不可以先告诉我发生了什么事？"（询问事情原委）

　　顾客："……（投诉具体的问题）"

❖ 点评：面对怒气冲冲的顾客，即便负责人立刻出现在他眼前，对事情的解决也不会有太大的帮助，此时可以想方设法地拖延一下时间，让顾客的情绪归于理性，这样事情的原委才能够更为清楚、客观地呈现出来。

大讲堂 77

当顾客投诉送货太慢耽误了工期要求退货时

❌ 应避免的错误

1. "那我没办法，工厂还没给我们运过来。"

❖ 点评：这种推卸责任、踢皮球的做法只会火上浇油，令顾客更为恼火。

2. "这是售后安装的事，我也不知道啊。"

❖ 点评：不管公司内部职能是如何划分的，导购就是接待顾客的窗口，应该主动协同各个部门的工作，而不是推卸责任。

不论是哪种原因引起的投诉，作为专业的导购，首先要做的是认真地倾听顾客投诉，真正了解顾客的问题；然后是认同顾客的感受，平息顾客的怒气，快速地给出解决的方案，给顾客一个满意的答复。拖延处理或者随意应付了事，只会让顾客的抱怨越来越强烈，让顾客感到自己没有受到应有的重视。

有一点需要注意，顾客在投诉时大都情绪激动，甚至可能言辞激烈，此时我们一定要保持冷静，克制自己的情绪，切不可与顾客发生争吵。

☑ 我们可以这样应对 1

导购："李姐，我完全理解您的心情，耽误了您的事情，的确非常抱歉。您选的这款产品真的是性价比非常高，特别畅销，所以工厂那边也一直是供不应求的状态。不过您放心，我早上的时候刚跟工厂通过电话，产品已经在路上了，最迟明天傍晚就到了。货一到，我马上督促我们工人给您送过去。请您理解一下，谢谢您了！"

❖ 点评：对顾客的心情表示理解，急顾客之所急，这样才能得到顾客的谅解。

☑ 我们可以这样应对 2

导购："给您带来了不便，的确非常抱歉。不过您放心，早上我刚问过工厂，货已经在路上了，两天左右就能到了。您也清楚，您下单之后把厨房的墙又往外移了 5 厘米，您虽然第一时间通知了我们，但咱们所有的数据都得重新测量，工厂的图纸也都得重新画，所以多少耽搁了一些时间，还请您理解一下。货一到，我马上送过去给您安装，麻烦您再耐心等一下。"

❖ 点评：不管问题的根源出在哪一方，处理好了才能使整个销售的过程更顺利。

大讲堂 78
当顾客投诉的问题不存在时

☒ 应避免的错误

1. "我们调查过了，这不是我们的问题，我们没办法处理。"

❖ 点评：表面看来这种说法中规中矩，但即使问题不存在，也不能以一副事不关己的态度来处理顾客投诉，这样不利于顾客关系的维护。

2. "这种情况我也没办法，这不是我们的问题。"

❖ 点评：即使事实确实如此，面对顾客仍需要保持应有的尊重，不能让顾客觉得你一副急于推卸责任的样子，这样也有损门店以及品牌的形象。

3. "您这人怎么这么不讲道理呢，根本是在无理取闹。"

❖ 点评：用这种言辞去指责顾客，是不尊重顾客的表现，也是不负责任的做法，非常容易引起顾客的不满情绪，甚至引起争执，让后果更加严重。

导购每天面对形形色色的顾客，他们性格各不相同。有些顾客理直气壮地前来投诉，经过调查后却发现问题根本不存在，这样的情况并不少见，导购该如何应对是好呢？

在顾客投诉的问题不存在时，不要把责任都推给顾客，在任何时候都不要主动去激怒顾客，你要做的是道歉与安抚，把顾客的不满遏制在投诉的开始阶段。有些导购认为顾客是在无理取闹，自己主动道歉等于承认自己有错。其实，向顾客说声"对不起""很抱歉"并不一定表明自己承认了错误，主要是对顾客的不愉快经历表示同情，比如"给您添麻烦了，非常抱歉"或"给您造成不便，真是对不起"。以这种方式道歉既有助于平息顾客的不满，又可以免于承担可能会导致顾客误解的具体责任。

巧妙道歉之后，并不需要与顾客讲什么大道理，完全可以把问题丢给顾客，让顾客主动说出自己想要得到哪种处理，比如："我能理解给您带来的麻烦与不便，您看我们能为您做些什么呢？"只要你能站在顾客的角度思考问题，让顾客感受到你真诚地在为他考虑，顾客自知理亏，是不会过分为难你的。

☑ 我们可以这样应对 1

导购："给您造成不便，真是对不起。不过您刚才说的那个问题，经过调查之后，证实责任不在我们。您是我们的老顾客了，您一定也知道只要是我们的问题，我们一定会负责到底的。"（向顾客阐明调查结果）

顾客："我不管，反正我没错。"

导购："王先生，就如你买把菜刀，切菜的时候不小心把手切伤了，难道责任就出在卖刀的人身上吗？根据合同规定，您提的这个问题不在我们的责任范围内，确实让我们很难处理，真的是非常抱歉。不过我个人还是很乐意帮助您的，您看我能为您做些什么呢？"（让顾客知道自己理亏，继而让顾客感觉你真心在帮助他）

❖ **点评：**在处理顾客投诉时，要学会理解、尊重顾客，语言不能过激，不能与顾客争锋相对，避免彼此之间的关系恶化。千万不要以一些粗鲁、伤人自尊的话伤害顾客，而要用委婉、得体的语言与顾客沟通。

☑ 我们可以这样应对 2

导购："王先生，我很理解您现在的心情。如果我是您，刚搬新家就出现这样的问题，也会有您这样的反应。"

顾客："我这也太倒霉了吧？"

导购："我完全理解。您放心吧，如果是我们的问题，我们一定会负责到底。只不过您刚才说的问题，我们一时还无法解决，等我们把具体情况和原因调查清楚后，一定给您一个满意的答复，可以吗？"（拖延时间，让顾客冷静一段时间）

顾客："好吧。"

导购："感谢您对我们的信任和支持，如果再有什么问题您可以随时打电话给我，我会尽力帮助您的，好吗？"

顾客："好的，谢谢你。"

❖ **点评：**如果能把顾客的不满遏制在投诉的开始阶段，往往能够起到事半功倍的效果。巧妙地道歉就是一个平息顾客不满的好办法。让顾客心里平衡后，处理问题就容易多了。

大讲堂 79

当顾客投诉的问题确实存在且是公司责任时

☒ 应避免的错误

1. 没有及时告知顾客处理方案，让顾客长时间等待。

❖ **点评：**既然有了解决方案，就要尽快告诉顾客。一旦解决问题的时间被拖延，不论结果如何顾客都不会满意，而且拖得越久处理的代价就越高。

2. 轻易向顾客做出超出自己职权范围的承诺。

❖ 点评：在弄清楚顾客投诉的原因后，应该先考虑一下这个投诉自己是否可以处理，如果已经超出了自己职权范围，应该交给现场经理或上级领导处理。切记，导购不能轻易给顾客承诺，否则只会给自己带来更大的麻烦。

3. 把解决方案告诉顾客后，无论顾客是否接受，便不予理睬。

❖ 点评：把解决方案告诉顾客之后，如果顾客有不明白、不理解的地方，应耐心、仔细地向顾客说明，而不能不理不睬。

虽然处理顾客的投诉是一件令人头疼的事情，但是从另一个角度来看，前来投诉的顾客是因为对公司还心存希望，想给公司一个改正错误的机会。如果公司能够认真、妥善地解决他们的问题，这种信任度就会上升为对公司、对品牌的忠诚度层面。那么我们应该怎么做才能让顾客欣然接受呢？

每个投诉的顾客都有自己特殊的要求，如果不认真了解他们的要求，只是想当然地处理问题，往往会适得其反，非但不能消除矛盾反而会激化矛盾。根据专家分析，投诉的顾客一般都有以下几种需求：希望得到应有的尊重；希望立即解决问题；希望得到赔偿；希望惩罚过失人；希望公司保证类似事件不再发生。

经过调查核实，发现顾客投诉的问题确实存在并且责任属于公司，那么就要立刻给出解决方案，并把该解决方案告知顾客。如果是因为某些责任人导致的事故，应通过一些途径和方式惩罚这些人，给顾客一个交代；如果是因为公司的原因给顾客带来了影响并造成了损失，要按照公平原则进行处理。不论是个人原因还是门店原因，告知顾客解决方案后，最好向顾客保证类似事件不会再发生，给顾客一个心理安慰。

如果顾客对公司的处理方案表示不理解，我们应耐心地解释说明，直至顾客明白为止；若是顾客对该处理方案不满意，我们应表示会上报领导，把该问题转交给现场经理或其他领导处理。

☑ 我们可以这样应对 1

（当面告知）

导购："王先生，非常抱歉让您来来回回跑了这么多趟。您说的那个问题我向公司反映过了，证实我们公司需要负一定的责任。经过公司领导研究决定，赔偿您 60% 的经济损失，并且再赠送您一套淋浴房。您看这样行吗？"

顾客："怎么才赔偿 60% 的经济损失？我们卫生间的瓷砖已经铺好了，现在要全部重新敲掉再重铺，这耽误的时间怎么算？"

导购："您说的那个问题，并非完全是因为我们的产品引起的，而是您的装修工人在铺设瓷砖的时候，没有完全按照设计图纸施工，才导致出现这样的问题。关于这种情况，我们也咨询了公司的法律顾问，经过慎重研究后才决定给出这样的处理方案。"

顾客："算了，就这样吧，我也不想再折腾了。"

导购："王先生，我代表公司为发生这样的事情再次向您表示歉意，感谢您对我们公司的信任和支持！如果再有什么问题，您可以随时打电话给我们，我们会尽力帮助您。"

❖ 点评：处理顾客投诉时，首先要秉持正确的处理态度，好态度是成功处理顾客投诉的前提。同时，要及时提出解决方案并告知顾客，否则顾客等待时间越长，处理代价就会越高。

☑ 我们可以这样应对 2

（电话通知）

导购："您好，请问是王先生吗？"

顾客："是的。"

导购："王先生您好，我是××门店的小李。您之前投诉说我们工人没有严格按照您那物业管理处规定的时间进行施工，影响了左邻右舍的正常作息，在此我向您表示诚挚的歉意。经过与装修师傅协调，从周一到周五把施工时间调整到早上八点至傍晚五点，您看这样可以吗？"

顾客："一大早就开始施工，不也还是会影响人家的正常作息吗？"

导购："实在是抱歉，给您添麻烦了。您也知道，过几天就有台风来了，如果现在我们不抓紧施工，工期就赶不上了，所以这几天我们才加快进度。师傅们加班加点施工，也是为了您能尽快搬进新房，所以也请您多多体谅。我们会让师傅尽量避免影响到左邻右舍，您也和物业管理处解释一下。"

顾客："好吧，只能这样了。"

❖ **点评：**面对顾客投诉，在给出解决方案时，要学会争取顾客的体谅。

大讲堂 80

当顾客投诉的问题确实存在但顾客要求太高时

☒ 应避免的错误

1.不管顾客是否满意，按照规定给予赔偿，拒绝顾客的额外要求。

❖ 点评：这种处理方式太过生硬，无法消除顾客的不满情绪，容易导致顾客寻求第三方机构进行投诉，为公司带来不必要的麻烦，也会给公司形象带来负面影响。

2. 交涉无果，便不予理睬。

❖ 点评：这种处理方法过于生硬，没有积极主动地化解顾客的不满，很容易导致顾客去寻求其他机构进行投诉，给公司带来不必要的麻烦，并且还会影响品牌形象。

在发生问题后，经过调查证实是公司的责任，顾客通常都会提出赔偿要求，这是很正常的现象。但是有些顾客认为责任方在公司，便提出一些额外的要求，超出了合理的赔偿范围。面对这类情况，我们不能直接拒绝也不能随意表示答应。如果是自己职权范围内可以解决的，就尽快给出一个合理的解决方案，并向顾客详细解释这样解决的原因。如果顾客不肯答应，那么我们应该"刚柔并济"：首先使用法律武器来保护公司的利益，向顾客表示该问题只能得到这样的解决方案，这是符合法律规定的；其次，在必要时，我们可以给顾客提供一些象征性的额外补偿，以弥补给顾客造成的损失，例如赠送礼物等，尽量把顾客的损失降到最低，让顾客获得心理平衡。如果顾客坚持不接受或者该问题超出了自己的职权范围，那么我们应向顾客表示会把这件事情尽快反映给领导，由领导协调解决，让顾客等候通知。

☑ 我们可以这样应对

顾客："你们怎么搞的，安装个衣柜就把我的瓷砖砸破了！"

导购："王先生，实在不好意思！"

顾客："光说不好意思有什么用，你们要赔偿我损失！"

导购："王先生，您放心，只要是我们的责任，我们肯定会负责的。

您看这样好吗，您让装修师傅把那两块砖重新铺设，买砖的钱和工钱都由我们出。"

顾客："哪里这么简单。我们本来计划下周搬家的，这样一来就赶不上了。这方面要怎么算？！"

导购："王先生，真的非常抱歉。出现这样的问题，大家都不乐意。铺砖不会耽误很长时间，我们也问过旁边的瓷砖店了，有半天时间就够了。为了表示我们的歉意，我们赠送给您一套××厨具，您看这样可以吗？"

顾客："这还差不多。"

❖ 点评：讨价还价时，要一步一步让价，而不能一让到底。处理顾客投诉时也类似，要让顾客觉得我们是有诚意的，并且也是让步很大的。